Stb

ZENSHO W. KOPP ist einer der bedeutendsten spirituellen Meister der Gegenwart. Er ist der direkte Dharma-Nachfolger von Zen-Meister Soji Enku (1908-1977) und Autor zahlreicher Zen-Bücher. Zensho unterweist eine große Gemeinschaft von Schülern und leitet in Wiesbaden das Zen-Zentrum Tao Chan.

Dieses grundlegende Buch beschreibt mit einfachen, klaren Worten den Weg der spirituellen Verwirklichung im Geiste des Zen und der christlichen Mystik. Eingehend behandelt es alle wesentlichen Fragen des spirituellen Lebens und begleitet den Leser Schritt für Schritt auf seinem Weg zum wahren Selbst. Mit großer Lebendigkeit und schonungsloser Offenheit verweist es auch auf die Notwendigkeit einer tiefgreifenden Erneuerung der christlichen Spiritualität durch die Wiedererweckung der in Vergessenheit geratenen christlichen Mystik.

Zensho W. Kopp

ZEN

und die Wiedergeburt der christlichen Mystik

Ein Wegführer zum wahren Selbst

Stb

ISBN 978-3-8434-4426-2

2., überarbeitete Auflage 2011

Umschlaggestaltung: Michel Schmidt,
Jörg Zimmermann
Foto: Verena Kopp
Satz: Torsten Zander

Printed by: FINIDR, Czech Republic

www.schirner.com

Inhalt

5 Sehnsucht nach direkter Gotteserfahrung

6 Vom nur gedachten Gott zur unaussagbaren göttlichen Wirklichkeit

7 Lebendige Christusnachfolge

8 Im Feuer der göttlichen Liebe

9 Die Suche nach dem Meister

10 Meditation und gelebte Spiritualität

11 Das Zen der alten chinesischen Chan-Meister

12 Die Freiheit des Zen

Vorwort

Der sich nach einer Antwort auf die Sinnfrage des Lebens sehnende Mensch unserer westlichen Kultur fühlt sich heute in seiner eigenen Religion nicht zu Hause. Er findet keinen Zugang mehr zu seiner in Veräußerlichung und Moral stecken gebliebenen christlichen Religion. Einer so geprägten und im Dogma erstarrten Verkündigung, die hauptsächlich dazu neigt, verwaltet zu werden, fehlt jedoch der spirituelle Impuls zur mystischen Inspiration. Es fehlt ihr die belebende Kraft zur gelebten Religion.

Die Berufung auf den Glauben und auf ein religiöses Bekenntnis kann dem nach wirklicher Gotteserfahrung Verlangenden nicht ausreichen. Er sehnt sich vielmehr nach religiöser Eigenerfahrung, nach dem Berührt- und Ergriffenwerden vom Göttlichen. Ihm geht es um lebendige Erfahrung und nicht um einen im äußeren Glaubensbekenntnis nur gedachten Gott, denn – wenn der Gedanke an ihn vergeht, vergeht auch der Gott – der nichts weiter als nur ein Gedanke war.

Das vorliegende Buch beschreibt den Weg zur spirituellen Verwirklichung im Geiste des Zen und der christlichen Mystik. Es legt die Essenz der Religionen frei, indem es die ihnen allen zugrunde liegende mystische Erfahrung als gemeinsamen Ursprung aufzeigt. So erweckt es auch in besonderer Weise die in Vergessenheit geratene christliche Mystik wieder zu neuem Leben. Denn sie birgt in sich ungeahnte geistige Schätze, die der heute von vielen westlichen Menschen bevorzugten östlichen Mystik in nichts nachstehen. Die intensive Auseinandersetzung mit der christlichen und der östlichen Mystik, insbesondere mit der tiefen Wahrheit des Zen, ließ mich erkennen, dass alle diese Wege in ihrer Essenz das Gleiche lehren.

Der Leitgedanke dieses Buches ist der Weg zur Befreiung – der Weg zum wahren Selbst –, der anhand zahlreicher Zitate der großen Meister des Zen wie auch der christlichen Mystik verstärkt hervorgehoben wird. Zusätzlich werden auch Beispiele aus heiligen Schriften der Inder, den Upanishaden und der Bhagavadgita, sowie dem chinesischen Taoismus angeführt.

Am Anfang des Buches steht eine grundlegende Einführung in die Natur des Geistes. Denn zu Beginn der spirituellen Praxis, besonders bei der Meditation, ist ein erstes theoretisches Verständnis davon, was der Geist ist, unerlässlich. Im tibetischen Buddhismus sagt man, Meditation ohne konkrete Sichtweise sei wie das Umherirren eines Blinden in der Wüste. Da der Geist die Basis unseres gesamten Erlebens ist, ist es für die spirituelle Praxis sehr wichtig, eine gewisse Vorstellung vom Wesen des Geistes zu haben. Ohne eine Ahnung davon, wie der Geist wirklich ist, laufen wir sonst Gefahr, uns in der Meditationspraxis im Kreis zu drehen und die spirituelle Verwirklichung zu verfehlen.

Aus eigener Erfahrung und durch langjähriges Anleiten von Schülern weiß ich, dass ohne wirkliches Bemühen kein Fortschritt auf dem geistigen Weg möglich ist. Deshalb wendet sich dieses Buch an alle ernsthaft geistig Suchenden, die das aufrichtige Verlangen nach konsequenter und sicherer spiritueller Führung haben. Die Absicht war, den Leser aufzurütteln, so dass er, wenn er sich ganz auf das Buch einlässt, am Ende vielleicht ein anderer sein wird, als er zu Beginn der Lektüre war.

Es möchte den Wahrheitssuchenden zu jener inneren Erfahrung hinführen, wo Buchwissen durch die Weisheit des Herzens und der Glaube an einen nur gedachten Gott durch die Erleuchtung des eigenen Geistes ersetzt wird.

Wiesbaden, Mai 2004 Zensho W. Kopp

Du, oh Gott, hast uns zu Dir hin erschaffen und deshalb ist unser Herz unruhig, bis es ruht in Dir.

Aurelius Augustinus (5. Jh.)

1

Die Allgegenwart des Einen Geistes

Der Geist als Schöpfer aller Dinge

Die Allgegenwart des Einen Geistes durchdringt das ganze Universum. Aller Wechsel und Wandel ist die fortschreitende Selbstentfaltung und Selbstverwandlung dieses Allgeistes, ist die Bewusstwerdung des unaussagbaren göttlichen Urgrundes. Die ganze unendliche Vielfalt der äußeren Erscheinungswelt ist somit die Manifestation dieses einen allumfassenden Geistes, und das Universum seine Offenbarung. Diese dynamische Natur des Universums erstreckt sich vom kleinsten Atom bis in die großen Dimensionen der Galaxien. Alles befindet sich in unaufhörlicher Bewegung, die aber letztlich nur im Geist stattfindet.

Der Geist ist die Grundlage von allem, »aus ihm, durch ihn und in ihm sind alle Dinge« (Röm 11,36), und außerhalb des Geistes existiert überhaupt nichts.

In dem Augenblick, wenn wir unsere geistige Blickrichtung vom Äußeren abkehren und in der meditativen Schau nach innen wenden, werden wir erkennen, dass dieser Eine Geist unser wahres göttliches Selbst ist. Im Dunkel des Herzens, in unserem Allerinnersten, leuchtet er als ein strahlendes Licht, das gleich einer ewigen Flamme das ganze Universum erleuchtet. Dieses, unser »wahres Wesen« ist die allen unseren Erfahrungen zugrunde liegende Wirklichkeit. Es ist weder kommend noch gehend; allgegenwärtig, still und rein und außerhalb von Raum und Zeit. Als die reine Ur-Quelle allen Seins ist es ungeboren und unzerstörbar.

Doch diese unsere ursprüngliche göttliche Natur ist stets von einer Vielzahl von Leidenschaften und Vorstellungen überdeckt. Das ununterbrochene Fließen des ständig Begriffe fabrizierenden Verstandes und unsere tief verwurzelten Denkgewohnheiten legen einen dunklen Schatten auf unser wahres Selbst. Fasziniert von diesem Schauspiel auf der Oberfläche unseres Bewusstseins, sind wir unfähig, uns davon zu lösen, und so befinden wir uns im Zustand der Verdunkelung und Verwirrung des Geistes. Wir sind in unseren eigenen Projektionen gefangen und halten sie für eine Realität, die getrennt von uns existiert.

Durch diese Fehlwahrnehmung geblendet, können wir die Wirklichkeit unseres wahren Seins nicht mehr wahrnehmen, und so wandern wir verloren im *Samsara*, dem Kreislauf von Geburt, Altern, Verzweiflung, Krankheit, Schmerz und Tod. Solcherart gefangen im Traum einer vermeintlichen, vielheitlichen Welt, haben wir uns selbst verloren und wissen nicht mehr, wer wir sind. Da diese Traumwanderung jedoch nur eine »Vision« ist, können wir von einem wirklichen Geschehen, als einem tatsächlichen Ereignis, nicht sprechen. Wir glauben zwar, uns in einer dreidimensionalen, vielheitlichen Welt von Raum und Zeit zu bewegen, in

Wirklichkeit jedoch bewegt sich nur der Geist. Der Geist ist die Grundlage von allem, der *Samsara* findet nur im Geist statt. Das ganze Universum in seiner unendlichen Vielfalt und alle die verschiedenen Wesen sind nichts anderes als »Geist«, neben dem nichts anderes existiert. Im *Lankavatara-Sutra*, einer der bedeutendsten Schriften des *Mahayana*-Buddhismus, heißt es:

> Was außen zu sein scheint, existiert in Wirklichkeit nicht; es ist tatsächlich nur der Geist, der in der Vielfältigkeit erblickt wird; Körper, Besitz und Welt – sie alle sind nichts als Geist.[1]

Alles, was wir in der Welt wahrnehmen, auch die scheinbare Festigkeit der Substanz, ist demnach nichts anderes als die illusorische Vorstellung des Geistes. Der Geist ist der Schöpfer aller Dinge. Und da auch unser Körper ein Teil dieser Welt ist, müssen wir konsequenterweise folgern, dass er ebenfalls nichts anderes als eine Vorstellung ist. Er ist nichts anderes als eine besondere Auswirkung unseres *Karma*. Unser Körper ist somit die sichtbar gewordene Erscheinung unseres früheren Bewusstseins, welches diese Form entsprechend seiner besonderen Neigungen in vorausgegangenen Leben verursacht hat. Seine scheinbare Materialität und Festigkeit ist eine Illusion aufgrund der unvorstellbar schnellen Bewegung seiner atomaren Bestandteile, die natürlich ebenfalls rein mental zu sehen sind.

Das, was wir im Allgemeinen als die Realität unserer Außenwelt bezeichnen, hat in Wirklichkeit nicht mehr Substanz als ein Traumgebilde. Alle Traumgeschehnisse geschehen nicht wirklich – sie sind nur Manifestationen des Geistes. Obwohl verschiedene Formen, Geräusche, Gerüche, Berührungen, Menschen, Tiere und Häuser in den Traum hineinprojiziert werden, haben sie doch keine Wirklichkeit.

Und so heißt es im *Mahayana-Samparigraha*, einem Grundriss der buddhistischen *Mahayana*-Lehre aus dem vierten Jahrhundert:

> Das Prinzip der »Nur-Geist-Lehre« kann veranschaulicht werden durch einen Vergleich mit dem Traum und dem Träumer. Solange man noch nicht Erleuchtung erlangt hat und zur wahren Weisheit erwacht ist, entspricht die Situation vollkommen jener, in der das Träumen nicht erkannt wird, weil man noch träumt. Solange man aus dem Traum des *Samsara* (dem Kreislauf von Geburt und Tod) noch nicht erwacht ist, kann man die tiefe Wahrheit der »Nur-Geist-Lehre« nicht wirklich verstehen.[2]

Die einzige Welt, von der wir überhaupt sprechen können, ist die Welt unserer Erfahrung. Wenn wir aber meinen, durch die sinnliche Wahrnehmung einer äußeren Welt auch auf ihr tatsächliches Vorhandensein schließen zu können, befinden wir uns im Irrtum. Der einzige Beweis, den wir hier erbringen können, ist der der Funktionsfähigkeit unserer Sinne. Denn alles, was wir als Materie bezeichnen, ist nichts anderes als eine Dimension des Geistes, die uns als Materie erscheint, weil wir Widerstand, Form, Sichtbarkeit und dergleichen als Materie definieren. In Wirklichkeit ist es jedoch unmöglich, die Gegenstände unserer Wahrnehmung zu berühren. Wir können nur Tastempfindungen beschreiben, Widerstände fühlen, Formen sehen usw. – dies hat aber mit Materie nicht das Geringste zu tun. Vielmehr handelt es sich hierbei um eine Anzahl von Sinneswahrnehmungen, die wir mit dem Begriff Materie benennen.

Da wir die Welt nur mittels unserer Sinne und des Bewusstseins wahrnehmen, müssen wir uns eingestehen, dass wir nur von einer subjektiv erfahrenen Welt, als einer Vorstellung, reden können. Und dies bedeutet in letzter Konsequenz: Die Welt ist nichts anderes als »unsere Vorstellung«.

Der Trug der Vielheit

Alles, was wir als die vielfältige Welt wahrnehmen, ist eine Idee, eine Vorstellung in unserem Geist, die aber nicht von unserem individuellen Geist geschaffen wird. Vielmehr nimmt er nur daran teil, das heißt die Vorstellungen der materiellen Objekte werden ihm gegeben. Da es in Wirklichkeit jedoch keine verschiedenen Arten von Geist gibt, müssen wir konsequenterweise folgern, dass die vielen individuellen Geister nur scheinbare Teile eines einzigen unteilbaren Geistes sind.

Denn wenn der in jedem individuellen Wesen anwesende Geist ein besonderer Geist wäre, dann wäre es nicht möglich, dass zwei Menschen die gleiche Welt in gleicher Weise wahrnehmen können. Jeder Einzel-Geist müsste seine eigene, von allen anderen Einzel-Geistern getrennte, unterschiedliche Weltwahrnehmung haben. Da aber jede, durch unsere geistige Verblendung bedingte, vielheitliche Wahrnehmung eine Täuschung ist, müssen wir daraus schließen, dass es nur ein einziges Sein gibt. Jede dualistische Sicht ist eine Täuschung, die mit der Wirklichkeit nicht übereinstimmt. Die Wirklichkeit ist in jedem Augenblick so, wie sie ist, vollkommen. Es gibt nur ein einziges Sein und somit nur ein einziges Selbst als die alleinige Wirklichkeit des Einen Geistes, und keine einzelnen, von ihm getrennten, für sich bestehenden »Einzel-Selbste«. Wir wollen versuchen, dies an einem Beispiel zu verdeutlichen.

Stellen wir uns einmal bildlich vor, wir Menschen wären im unendlichen Weltraum schwebende, buntschillernde Seifenblasen. Der Bereich innerhalb wie außerhalb jeder Seifenblase ist die grenzenlose unendliche Weite des Weltraums.

Ob sich in dieser unendlichen Weite nun hundert, tausend oder millionen Seifenblasen befinden, so können wir doch nicht von einer wirklich vorhandenen Vielheit von einzelnen Räumen innerhalb der Seifenblasen sprechen. Jede räumliche Unterscheidung ist nur eine scheinbare. In Wirklichkeit gibt es nur die eine unendliche Weite des Weltalls. Aber in ihrem durch die Verdunkelung des Geistes bedingten Zustand des Nichtwissens glaubt sich jede Seifenblase im Besitz eines eigenen Innenraums und erlebt sich so als ein von allen anderen Seifenblasen getrenntes Einzelindividuum. In dem Augenblick aber, wenn sie das trügerische Spiel durchschaut und platzt, existiert nichts anderes mehr als die eine grenzenlose Wirklichkeit des Alls. Dieser Vergleich macht deutlich, dass die sich unseren Sinnen darbietende Wahrnehmung einer vielheitlichen, äußeren Welt eine Täuschung und somit eine »Fehlwahrnehmung« ist.

Die vom Durchschnittsmenschen erkannte Welt ist daher nichts anderes als die vom Egobewusstsein begrenzte und als Vielheit fehlinterpretierte Wahrnehmung des unteilbaren Seins. Das Egobewusstsein verhält sich hierbei wie ein Magier, der uns eine Welt erfahren lässt, die in Wahrheit nicht vorhanden ist. Geblendet von diesem Trug einer vermeintlichen, vielheitlichen Welt, ist es uns somit nicht mehr möglich, unser wahres Selbst als die allen unseren Erfahrungen zugrunde liegende göttliche Wirklichkeit zu erkennen.

Je mehr wir uns aber, losgelöst von allem Äußeren, dem inneren Licht des Geistes zuwenden, werden wir unser wahres Selbst als das allen Wesen gemeinsame Selbst erfahren. Mit den Worten des weisen Sehers Vamadeva in der *Brihadaranyaka Upanishad*, einer der heiligen Schriften der Inder, können wir dann sagen:

> Ich bin das Selbst der ganzen Menschheit, wie der Sonne. Wer *Brahman* – den göttlichen Allgeist erkennt, der weiß, dass er das Selbst in allen Wesen ist. Sogar die Götter könnten ihm kein Leid zufügen, ist doch sein inneres Selbst auch das ihre.[3]

In der Sprache der christlichen Mystik: »Alles ist erfüllt von der Fülle Gottes« (Eph 3,19), wie der Apostel Paulus im Neuen Testament sagt. Es gibt nichts außer

Gott. Er entfaltet sich in allem was ist, er ist das innerste Prinzip alles Seienden. Die Allgegenwart des Einen Geistes ist die überall und in allem anwesende Gegenwart des Heiligen Geistes, und das Universum ist seine Offenbarung. Es wird von Ihm »ausgeatmet«, wie die indischen *Upanishaden* es ausdrücken, über den unvorstellbar langen Zeitraum eines *Mahamanvantara* hinweg, um dann für eine ebenso lange Periode der Ruhe wieder eingeatmet zu werden.

Die Hindutradition spricht hier vom Ruhen und Träumen *Brahmans* – des allem zugrunde liegenden göttlichen Allgeistes. Ruht *Brahman* im traumlosen Schlaf, so gibt es kein Weltall. Es existiert dann keine Vielfalt der Erscheinungen, kein Denken und kein individuelles Bewusstsein. Es gibt dann nur noch das eine reine Bewusstsein des Einen Geistes. Wechselt *Brahman* aber von der Traumlosigkeit zum Traum über, dann erhebt sich in diesem Traum das ganze Universum mit seinen vielfältigen Erscheinungen. In der *Bhagavadgita*, die als das »Evangelium« des Hinduismus gilt, beschreibt Gott *Krishna* diesen rhythmischen Zyklus der Schöpfung mit folgenden Worten:

> Am Ende der Nacht der Zeit kehren alle Dinge zu mir zurück, und wenn der neue Tag der Zeit beginnt, bringe ich sie wieder ans Licht. So bringe ich alle Schöpfung hervor, und diese rollt umher in den Kreisen der Zeit. In diesem Schöpfungswerk bringt die Natur alles hervor, was sich bewegt und was sich nicht bewegt: Und so gehen die Kreisläufe der Welt rundherum.[4]

Dieser Schöpfergeist ist die ewig selbstseiende Urwesenheit des göttlichen Seins. Er ist ein einziges, großes erleuchtendes Ganzes, allgegenwärtig, vollkommen, still und rein. Er ist wie ein alles umschließender Spiegel, von dem die Berge und Flüsse der Erde und Himmel, Sonne, Mond und Sterne wie Spiegelbilder projiziert werden. Im *Shraddhotpada-Shastra*, einer buddhistischen Schrift aus dem zweiten Jahrhundert, heißt es:

> Alle Dinge in der Welt sind unwirklich und trügerisch; es sind nur Projektionen des Geistes. Gleich den Bildern, die in einem Spiegel erscheinen, entbehren auch alle Dinge in Wirklichkeit jeder wahren Substantialität; sie sind unwahr, illusionär und »Nur-Geist«.[5]

In unserem Erwachen aus dem Traum einer äußeren Erscheinungswelt, eingespannt in der Illusion von Raum und Zeit, werden wir erkennen, dass der Eine Geist unser wahres göttliches Selbst ist und dass es in Wirklichkeit keine verschiedenen, individuellen Geister gibt. Der individuelle Geist ist letztlich nichts anderes als der durch das dualistische und somit eingrenzende Denken hervorgerufene »mikrokosmische Teilaspekt« des kosmischen Geistes.

Es ist, als schauten wir durch einen Strohhalm hindurch in den Himmel und hielten das solcherart begrenzte Wahrnehmungsfeld für den ganzen Himmel. In einem alten indischen Gleichnis wird die Situation des in seiner verengten Betrachtungsweise gefangenen Menschen mit einem Frosch im Brunnen verglichen.

Ein Frosch lebte seit langer Zeit in einem alten Brunnen, der sich am Rande des Meeres befand. Er wurde in ihm geboren und aufgezogen.

Eines Tages fiel ein Fisch, der aus dem Meer gesprungen war, in den Brunnen. Als der Frosch sich von seinem ersten Schreck erholt hatte, fragte er vorsichtig den Neuankömmling: »Was bist denn du für ein sonderbares Wesen und wo kommst du denn her?« Der Fisch antwortete: »Ich bin ein Fisch und komme aus dem Meer.« – »Vom Meer?« fragte der Brunnenfrosch ganz erstaunt. »Wie groß ist denn das Meer?« – »Sehr groß«, gab der Fisch zur Antwort. Der Frosch streckte seine Füße aus und fragte: »Ist das Meer so groß?« – »Es ist viel größer!« sagte der Fisch. Da hüpfte der Frosch mit einem gewaltigen Sprung von der einen Seite des Brunnens zur anderen hin: »Ist es etwa so groß?«

»Mein Freund«, sprach da der Fisch, »das Meer ist so groß, dass du es nicht mit deinem Brunnen vergleichen kannst.« – »Jetzt hast du dich verraten, du Lügner!« rief da der Frosch, »denn etwas Größeres als meinen Brunnen kann es gar nicht geben!«

Solange wir unser wahres Wesen des unbegrenzten überweltlichen Geistes mit allen Arten von Begriffen und Vorstellungen überdecken, befinden wir uns in diesem bedauernswerten Zustand der Bewusstseinsverengung. Die Folgeerscheinung ist, dass wir nur noch einen winzigen Ausschnitt, einen kleinen Aspekt der gesamten Wirklichkeit, erfassen können. Die grenzenlose Weite des Geistes hat sich so zum kleinen Kreis des individuellen Bewusstseins verengt. In diesem Zustand der Bewusstseinsverengung ist sich der Mensch der Universalität seines Geistes nicht mehr bewusst, und so fristet er ein kümmerliches Dasein im Schattendunkel der *Maya* – dem großen Trugbild einer scheinbar äußeren Erscheinungswelt.

Die allem zugrunde liegende Wirklichkeit

Wir sind wie der alte Bettler, der in einer alten, zerfallenen Hütte lebt und schließlich vor Hunger stirbt, ohne zu ahnen, dass sich unter seinen Füßen ein wertvoller Schatz befindet. Bodhidharma, der legendäre erste Patriarch des Zen aus dem sechsten Jahrhundert, hat diese unsere Situation sehr treffend geschildert:

> Die Menschen dieser Welt suchen Buddha in weiter Ferne. Sie wissen nicht, dass Buddha das Wesen ihres eigenen Geistes ist.[6]

Wir Menschen sind in unserem tiefsten Wesen Buddha. Das heißt, wir sind nichts anderes als der Eine Geist, die ewig unwandelbare Buddha-Wesenheit, die übersinnliche Quelle des gesamten Kosmos. Wir sind Söhne und Töchter des Allerhöchsten. Wir sind Licht vom Licht, welches als unser wahres Selbst in der Finsternis leuchtet, wie das Johannesevangelium sagt:

> Das Licht leuchtet in der Finsternis, aber die Finsternis hat es nicht erkannt. (Joh 1,5)

Es ist das innere Licht, das im Augenblick unseres Erwachens aus dem Traum einer vermeintlichen, vielheitlichen Welt wie die Sonne in der Leere aufsteigt und das ganze Weltall mit seinem Glanz erleuchtet.

Aber die Menschen können den Zustand ihres »ursprünglichen Erleuchtetseins« nicht wahrnehmen, da sie nur das für Geist halten, was denkt, fühlt und wahrnimmt. Die meisten sind sogar der Ansicht, der Geist sei nichts anderes als eine Folgeerscheinung der Gehirntätigkeit innerhalb der knöchernen Schale ihres Schädels. Sie sind fest davon überzeugt, dass unser Gehirn mittels komplexer neurologischer Vorgänge den Geist produziert. Und so betrachten solche materialistisch denkenden Rationalisten den Geist als ein Resultat von biochemischen Prozessen in den Hirnzellen.

In Wahrheit jedoch verhält es sich genau umgekehrt. Das Gehirn ist nichts weiter als eine materielle Verdichtung geistiger Energie, und der Geist ist demzufolge nicht die Folgeerscheinung, sondern die »Ursache« alles Seienden und somit auch der Gehirntätigkeit.

Dieser Geist ist der allen unseren Erfahrungen zugrunde liegende universale Urgrund. Er ist der kosmische Brennpunkt des Bewusstseins in seiner Gesamtheit. Er ist die unwandelbare göttliche Wesenheit und der Schöpfer aller Dinge. Wenn auch »aus ihm, durch ihn und in ihm« (Röm 11,36) das ganze Weltall sein Bestehen hat, so ist er doch seiner wesenhaften Natur nach still, rein und leer. Mögen sich in ihm auch noch so viele Bewegungsabläufe vollziehen, so bleibt er trotz allem stets unbewegt. Nichts vermag ihn zu beflecken, und nichts vermag seinen unendlichen

Glanz zu vermindern. Deshalb sagt der chinesische Zen-Meister Huang-po im neunten Jahrhundert:

> Unser ursprüngliches Buddha-Wesen ist, vom Standpunkt der höchsten Wahrheit, ohne das geringste Teilchen von Gegenständlichkeit. Es ist leer, allgegenwärtig, still und rein. Es ist herrliche und geheimnisvoll friedvolle Freude – nichts anderes. Dringe tief in es ein, indem du selbst dazu erwachst.[7]

Solange wir aber noch durch unser Nichtwissen geblendet sind, können wir diese geistige Herrlichkeit unseres wahren Wesens nicht erkennen. So sind wir eingeschlossen im Bereich der trugvollen Erscheinungen der *Maya.* In unserer Identifikation mit einer scheinbaren äußeren Erscheinungswelt sind wir nicht mehr fähig, die Täuschung zu durchschauen und uns auf unseren ursprünglichen Zustand zu besinnen. Diese geistige Verblendung ist die eigentliche Ursache für den verhängnisvollen Irrtum, der den Menschen annehmen lässt, dass er ein gesondertes Ich, eine reale, selbständige Person sei. Dieses Nichtwissen führt zur Anhaftung, die ihrerseits wiederum das Egobewusstsein festigt und uns so an den Kreislauf von Geburt und Tod ankettet.

In Wahrheit jedoch ist eine für sich bestehende Person genauso wenig vorhanden wie eine äußere Welt, in der sie sich zu befinden glaubt.

2
Vom Ichwahn zum wahren Selbst

Die Illusion der Persönlichkeit

Wenn wir das, was wir im Allgemeinen als unsere menschliche Persönlichkeit betrachten, einer genauen philosophischen Analyse unterziehen, werden wir feststellen, dass es sich bei dieser »Persönlichkeit« um nichts anderes als um einen »bloßen Prozess« psychisch-physischer Phänomene handelt, dem in Wirklichkeit nicht mehr Substanz zukommt als einem Traum oder einer Schaumblase auf der Oberfläche des Meeres.

Nach buddhistischer Auffassung besteht der Mensch in seiner physisch-psychischen Erscheinung aus einer ständig wechselnden Kombination von einzelnen »Daseinsfaktoren«, die in funktioneller Abhängigkeit voneinander entstehen und wieder vergehen, um neuen, nachfolgenden Daseinsfaktoren Platz zu machen. Diese Daseinsfaktoren werden in fünf Gruppen, die sogenannten *Skandhas*, eingeteilt, die in der Reihenfolge abnehmender Dichtigkeit und Materialität aufgezählt werden als: Körperlichkeit, Empfindungen, Wahrnehmungen, Geistesregungen und Bewusstsein. Es darf jedoch keine dieser *Skandhas*, noch die *Skandhas* in ihrer Gesamtheit, als ein für sich bestehendes, eigenständiges Selbst betrachtet werden, auch nicht das Bewusstsein, das in seiner Feinheit unserer Vorstellung einer Seele am nächsten kommt.

In Wahrheit besitzen die Daseinsfaktoren überhaupt keine Wirklichkeit und haben nur ein momentanes, schnell dahinschwindendes Dasein. Die einzelnen Momente aller Prozesse geistigen und physischen Lebens verändern sich ständig ohne Unterbrechung, und zwar so schnell, dass der Wechsel von uns nicht bemerkt wird. Es existiert somit nichts anderes als eine Kette von Momentexistenzen und -kombinationen, in der Weise schnell aufeinander folgender Bewusstseinsblitze. Alle einem Individuum und der von ihm erlebten Erscheinungswelt zugehörigen Daseinsfaktoren währen nur einen kurzen Augenblick – und im nächsten Moment ist von dem, was soeben ins Dasein trat, schon nichts mehr da.

Empfindungen, Wahrnehmungen und Geistesregungen bilden nur die verschiedenen Erscheinungsweisen jener ununterbrochen aufeinander folgenden, einzelnen Bewusstseinsmomente, die mit unvorstellbarer Geschwindigkeit alle Augenblicke aufblitzen, um im selben Moment für immer zu verschwinden.

Durch unsere Identifikation mit diesen in funktioneller Abhängigkeit voneinander entstehenden und wieder vergehenden kurzen Bewusstseinsmomenten entsteht dann die Wahnidee einer gesonderten Persönlichkeit. Über die »Nicht-Persönlichkeit« und »Leerheit« dieses sich in rastloser Bewegung befindenden *Skandha*-Prozesses sagt Buddha:

> Angenommen ein Mann betrachte sich die vielen Wasserblasen auf dem Ganges, und er beobachtete und untersuchte sie gründlich; nachdem er dies getan habe, erschienen ihm diese leer, unwirklich und ohne Substanz. In derselben Weise betrachtet der Mönch alles Körperliche, alle Empfindungen, Wahrnehmungen, Geistesregungen und alles Bewusstsein, ob vergangen, gegenwärtig oder zukünftig, eigen oder fremd, fern oder nah, und er erkennt sie als leer, nichtig und wesenlos. Und so sagt er sich: »Das gehört mir nicht, das bin ich nicht, das ist nicht mein Selbst.«[8]

Haben wir erst einmal erkannt, dass die den Persönlichkeitswahn bildenden Daseinsfaktoren nicht unser wahres Selbst sind, brauchen wir den Tod dieser auch nicht zu fürchten – ganz im Gegenteil! Würde doch der Untergang der Daseinsfaktoren für den von aller Identifikation Befreiten den Aufgang des inneren Lichtes bedeuten. Hierzu sagt Zen-Meister Huang-po:

> Könnte der gewöhnliche Mensch, wenn er im Sterben liegt, nur die fünf Daseinsfaktoren als leer erkennen und ganz erfassen, dass sie nicht ein »Ich« bilden, dass der wahre Geist ohne Form ist und weder kommt noch geht, dass sein Wesen weder mit der Geburt beginnt noch mit dem Tod vergeht, sondern ganzheitlich und unbeweglich in seinen Tiefen ist, und dass der Geist eins ist mit den Erscheinungen der Umwelt – dann würde er blitzartig Erleuchtung erlangen.[9]

Buddhas Lehre vom Anatman

Im Hinblick auf grobe Fehldeutungen der *Skandha*-Lehre, die zum Fundament aller buddhistischen Schulen gehört, muss hier gesagt werden, dass Buddha niemals gelehrt hat, es gäbe kein Selbst außerhalb dieses Komplexes unpersönlicher Daseinsfaktoren. Vielmehr verkündete er, dass innerhalb der Daseinsfaktoren ein für sich bestehendes Selbst, im Sinne eines beständigen, den Tod überdauernden und sich reinkarnierenden Ichs, nicht aufzufinden ist. Unter allen Lehren, die er verkündete, ist diejenige vom »Nicht-Ich«, dem *Anatman*, die am meisten missverstandene.

Buddhas Lehre vom *Anatman* richtet sich in Wahrheit gegen die Vorstellung einer für sich bestehenden Persönlichkeit. Es ist jene Wahnvorstellung, die die Menschen narzisstisch zu einer Art Selbstfesselung treibt, indem sie ihr »Selbst« als ein von allem anderen abgegrenztes, in sich beschlossenes »Ego« verstehen. Buddha ging es darum, zu einer Selbsterfahrung hinzuführen, die nicht egoistisch-egozentrisch an sich selbst festhält, sondern vielmehr erst in der Loslösung von sich selbst, im »Nicht-Ichwahn«, zur Verwirklichung kommt. Denn solange der Mensch noch in der Vorstellung lebt, sein Selbst bestehe in der Gegenüberstellung zu anderen Selbsten, überdeckt er gerade durch diese Wahnvorstellung das wahre ewige Selbst.

Wogegen Buddha sich verwehrte, war tatsächlich nichts anderes als die Gleichsetzung dieses wahren Selbst mit dem durch die Identifikation mit den Daseinsfaktoren, den *Skandhas*, hervorgerufenen »Ichwahn«. Durch diese Verwechselung der universellen Grundlage des menschlichen Bewusstseins mit dem illusorischen, vom Nichtwissen erzeugten Egobewusstsein sah sich Buddha gezwungen, den Begriff des *Atman* (Selbst) durch den des *Anatman* (Nicht-Selbst), im Sinne von *non-ego* (Nicht-Ich), zu ersetzen.

Es ist aber vollkommen falsch, wenn man glaubt, hieraus folgern zu müssen, die *Atman*-Lehre der *Upanishaden* sei mit dem Ichwahn gleichzustellen. Der buddhistische Gelehrte Daisetz Taitaro Suzuki meint hierzu:

> Zu sagen, es gibt keinen *Atman*, ist nicht genug. Wir müssen einen Schritt weiter gehen und sagen, dass es einen *Atman* gibt: aber, dass dieser *Atman* nicht auf der Ebene des Relativen, sondern auf der des Absoluten ist.[10]

Die Leugnung eines illusorischen und begrenzten Ichs mit der Leugnung des Ewigen im Menschen gleichzusetzen, ist eine grobe Fehldeutung der Aussagen Buddhas. Buddhistische Autoren, die schreiben, dass es über die *Skandhas* hinaus nichts geben könne, was den Tod überdauert, maßen sich an zu lehren, was Buddha niemals gelehrt hat. Wenn wir wirklich begreifen wollen, was Buddha meinte, als er seine Lehre vom *Anatman* verkündete, müssen wir alle philosophischen Spekulationen weit hinter uns lassen und uns unserer inneren Erkenntnisquelle, dem *Atman*, selbst zuwenden.

Hier erst wird sich uns jenes unaussprechliche Geheimnis enthüllen, das jenseits aller Benennung von Sein oder Nicht-Sein sich als unser wahres Wesen offenbart.

In der *Katha Upanishad* heißt es deshalb:

> Kein Auge je gewahrt ihn, denn er ist nicht von sichtbarer Gestalt. Im Herzen aber ist er zu erkennen durch tiefe Andacht. Wer dort ihn hat geschaut, der ist unsterblich.[11]

Dadurch, dass Buddha lehrte, dass es ein für sich bestehendes, von allem abgegrenztes Einzel-Selbst nicht gibt, hat er dem Selbst das Sein nicht genommen. Ganz im Gegenteil! So sagt auch der bedeutende buddhistische Gelehrte und Autor Lama Anagarika Govinda:

> Buddha ist das Symbol des vollkommenen Menschen, der des Göttlichen in sich bewusst geworden ist und es in sich verwirklicht hat.[12]

Solange wir uns noch fragen, ob wir einen besonderen Geist, ein Selbst oder eine Seele besitzen oder nicht, so liegt schon bereits in der zwischen Bejahung und Verneinung unterscheidenden, dualistischen Art der Fragestellung der entscheidende Fehler.

Es geht hier nicht um einen Geist oder ein Selbst in der Form des Habens, sondern um die unteilbare Wirklichkeit des Einen Geistes in der Form des »Seins«. Die jenseits aller menschlichen Begriffe liegende, unaussprechliche Wirklichkeit des Seins ist jenes ungeborene, ewige, unwandelbare Selbst, das die Grundlage aller unserer Erfahrungen ist. Dieses ungeborene »wahre Selbst« wird im Urbuddhismus am klarsten mit den Worten Buddhas bezeugt:

> Es gibt, ihr Mönche, ein Ungeborenes, Ungewordenes, Ungemachtes, Unzusammengesetztes. Gäbe es dieses nicht, so gäbe es auch kein Entrinnen aus der Welt des Geborenen, des Gewordenen, des Gemachten, des Zusammengesetzten.[13]

Wir sind uns bewusst, dass unser Körper einen Anfang hat und demzufolge dazu bestimmt ist, sich eines Tages aufzulösen. Aber dies betrifft nicht unser »wahres Selbst«, das ungebunden und unbegrenzt ist und somit nicht berührt wird von den Veränderungen der Erscheinungswelt, der dieser Körper mit allem Psychischen angehört. In der *Katha Upanishad* lesen wir:

> Dieses ewige Selbst wird niemals geboren,
> noch stirbt es jemals.
> Es kommt von nirgendwoher
> und wird nicht zu etwas.
> Ungeboren, immerwährend, unsterblich ist es.
> Es stirbt nicht, wenn der Körper stirbt.[14]

Fast wie ein Kommentar zu diesem Abschnitt der *Katha Upanishad* hören sich die folgenden Worte des christlichen Mystikers Meister Eckhart (14. Jh.) an:

> ...darum bin ich Ursache meiner selbst meinem Sein nach, das ewig ist, nicht aber meinem Werden nach, das zeitlich ist. Und darum bin ich ungeboren, und nach der Weise meiner Ungeborenheit kann ich niemals sterben. Nach der Weise meiner Ungeborenheit bin ich ewig gewesen und

> bin ich jetzt und werde ewiglich bleiben. Was ich meiner Geborenheit nach bin, das wird sterben und zunichte werden, denn es ist sterblich; darum muss es mit der Zeit verderben.[15]

Im Tiefschlaf sind wir uns unseres Seins – als »Ich bin« – nicht bewusst. Und doch wissen wir im nachhinein, dass wir nicht aufgehört haben zu sein. Das Selbst von heute morgen, als wir aufwachten, ist nicht verschieden von dem von gestern abend, als wir einschliefen. Obwohl wir uns seiner Fortdauer während des Schlafes nicht bewusst waren, hatte es doch nicht aufgehört zu sein. Es ist als der Zuschauer hinter allen Erfahrungen die ewig selbstseiende Urwesenheit des göttlichen Seins, die allen drei Seinszuständen (Wachen, Träumen und Tiefschlaf) zugrunde liegt. Es ist das Sein, von dem alle Dinge ausgehen, sich ständig verwandeln und in das sie am Ende wieder eingehen. In der Sprache der *Mandukya Upanishad*: »Es ist der Herr von allem, Ursprung und Ende aller Wesen.«[16]

Dieses Selbst ist von nichts abhängig, es stützt sich auf nichts, das von ihm verschieden wäre, denn es hat keine andere Ursache außer sich selbst, weil es nichts anderes gibt außer ihm. Deshalb heißt es auch in der *Chandogya Upanishad*:

> Alles, was ist, besteht in Ihm allein.
> Das ist die Wahrheit.
> Das ist das unsichtbare Wesen aller Dinge.
> Das ist das Selbst.[17]

Das wahre Selbst als das ewige »Ich bin«

Alles, was wir innerhalb unserer Erfahrungswelt mit Sein bezeichnen, hat nur insofern Sein, insoweit es das Sein aus, durch und in diesem absoluten Sein hat; denn »aus ihm, durch ihn und in ihm sind alle Dinge« (Röm 11,36). Dieses wiederum hat aber das Sein aus sich selbst, und somit ist es die reine »überseiende Wirklichkeit«. So sagt Gregor von Nyssa (4. Jh.), einer der Altväter der christlichen Mystik:

> Nichts von all dem, was die sinnliche Wahrnehmung erfasst oder der Intellekt anschaut, hat wahrhaft Sein, außer dem überseienden Wesen, das des Universums Grund ist und von dem alles abhängt.[18]

Die Frage nach dem Selbst und nach dem Sein ist letztlich eine Frage nach unserem »Selbst-Sein«. Sie lässt sich jedoch nur beantworten, wenn wir den Bereich der Sonderung übersteigen und unser wahres Selbst als das allen Wesen gemeinsame Selbst erkennen. Denn wenn dasselbe Sein das Herz der Selbstheit eines jeden Individuums ist, kann es keine abgegrenzte, für sich bestehende Individualität geben. Eine sich von allem anderen abgrenzende, in sich beschlossene Individualität kann somit nichts anderes sein als ein »Trugbild«, dessen Konstruktion auf der wechselseitigen Identifikation von Körper und Psyche und deren zahlreichen Aktivitäten und Fähigkeiten beruht. Dieses Trugbild eines »Pseudo-Ichs« ist daher nichts weiter als ein vom

Nichtwissen konstruierter Komplex, der keinen Bestand in sich selbst hat. Deshalb sagt der christliche Mystiker Meister Eckhart: »Alle Kreaturen sind in sich selbst nichts.« Und im Buddhismus heißt es: »Alle Dinge sind ›leer‹ (*Shunyata*).«

Leerheit bedeutet jedoch nicht, dass die Wesen, und die von ihnen wahrgenommene Welt, nicht existieren, sondern – dass sie nichts anderes als reine Erscheinungen ohne Realität sind. Mit anderen Worten: Sie sind nicht »nichtexistent«, sondern »unreal«. Diese beiden Begriffe sind in ihrer Bedeutung grundverschieden und dürfen nicht miteinander verwechselt werden. Ein rundes Dreieck zum Beispiel können wir uns noch nicht einmal vorstellen, und somit ist es »nichtexistent«. Eine Fata Morgana hingegen gehört zu den existenten Dingen, obwohl sie unwirklich ist und somit keinerlei Realität hat, und dies heißt, sie ist »unreal«.

Die buddhistische Auffassung von der Leerheit aller Erscheinungen ist also kein nihilistischer Standpunkt. Es geht ihr vielmehr darum klarzustellen, dass alle Dinge leer sind, da ihnen jegliche zugrunde liegende Substantialität fehlt. Alle Dinge unterliegen dem Prinzip des »abhängigen Entstehens« (*Pratitya-Samutpada*) und sind daher ohne Selbst-Sein. Der Begriff abhängiges Entstehen bedeutet, dass es keine unabhängigen, nicht auf etwas anderes rückführbaren letzten Wirklichkeiten gibt.

Hieraus müssen wir folgern: Alles, was wir in der Welt wahrnehmen, einschließlich unserer *Skandha*-bedingten Persönlichkeit, ist eine relative Erscheinung und hat nur vorübergehenden Charakter. Die Wirklichkeit hinter allen Erscheinungen kann uns aber erst in einem Entwerden unserer selbst, in einer »Entpersönlichung der Persönlichkeit« zuteil werden. Diese Erfahrung der Leere jeder objektiven Erscheinung im Weltall ist aber auch zugleich ein Erwachen zu unserem »wahren Selbst«.

Doch solange wir uns in unserer Identifikation mit dem äußeren Schein noch an das Vergängliche anklammern, können wir unseren wahren Zustand des unbegrenzten, überweltlichen Geistes nicht erfahren. So suchen wir das Ewige im Vergänglichen, ohne zu erkennen, dass der Urquell allen Seins als das allein Seiende und als die Grundlage aller Erfahrungen in uns stets gegenwärtig ist. Diese Quelle allen Lebens findet ihren Ausdruck in der göttlichen Offenbarung: »Ich bin der Ich bin« (Ex 3,14) des brennenden Dornbuschs, wie sie Moses auf dem Berg Horeb zuteil wurde.

Im Licht des reinen Bewusstseins leuchtet das göttliche Sein, das ewige »Ich bin«. Das letzte Mysterium allen Seins wird in der Absolutheit des Selbst in uns selbst erlebt als ein »Ich bin«, das wir in der Tiefe unseres eigenen Seins wahrnehmen. »Ihr werdet erkennen, dass ›Ich bin‹« (Joh 8,28), sagt Jesus Christus. Er sagt aber auch: »Wenn ihr nicht glaubt, dass ›Ich bin‹, werdet ihr in euren Sünden sterben« (Joh 8,24). Dies bedeutet aber nichts anderes, als dass wir in Absonderung vom göttlichen Seinsgrund, welcher die Quelle allen Lebens ist, sterben werden. Denn Sünde heißt »Absonderung«.

Die Absonderung von der Quelle ist zugleich eine Entfremdung vom »wahren Selbst«, wobei das Ego sich autonom gebärdet, da es vergessen hat, dass es sein Sein aus diesem wahren Selbst hat. Das Ego möchte sein eigener Herr sein und sich selbst verwirklichen.

Aber eine solche »Egoverwirklichung« ist alles andere als eine wirkliche Selbstfindung, vielmehr handelt es sich dabei um eine Selbstentfremdung, die in die Sinnlosigkeit und Verlorenheit eines armseligen, weltlich gebundenen Daseins führt. Deshalb sagt der lateinische Kirchenvater Augustinus:

> Wie armselig ist doch der, der ohne den ist, ohne den er nicht sein kann.

Und Jesus Christus sagt: »Bleibt in mir, dann bleibe ich in euch, denn ohne mich könnt ihr nichts tun« (Joh 15,4-5). Die Absonderung von der göttlichen Urquelle ist zugleich die Absonderung vom Leben. Es ist die »Ursünde«, die im Nichtwissen des Menschen um die Anwesenheit des göttlichen Selbst in seinem Innern ihren Ursprung hat. Unsere Erlösung aus dem Kreislauf von Geburt und Tod, die zugleich eine Loslösung von unseren Anhaftungen ist, kann demzufolge nur in einer radikalen »Wende nach innen«, in einer echten »Umkehr« (*Metanoia*) vollzogen werden.

Wenn der Mensch sich in sich selbst kehrt und in seinem Innern seiner selbst und aller Dinge entwird, dann wird er, selbst zu dem geworden, den er suchte, nichts anderes mehr wahrnehmen außer dem »der Ist« – den in sich und aus sich selbst Seienden. Mit den Worten des Apostels Paulus:

> Nur der völlig leere Geist kann gänzlich von der Fülle Gottes erfüllt werden. (Eph 3,19)

Auf der Suche nach dem göttlichen Sein ist die Seele sich selbst verloren gegangen. So paradox es sich auch anhören mag: Wir können unser wahres Selbst nur erfahren, wenn es niemanden mehr gibt, der es erfahren könnte. Denn »niemand kann Gott sehen, ohne zu sterben« (Ex 33,20), sagt die christliche Heilige Schrift. Wer alles aufgibt, dem wird alles zurückgegeben als die göttliche Wirklichkeit selbst, die stets gegenwärtig als das ewige »Ich bin« hinter den Erscheinungen, denen der Mensch nachjagt, verborgen ist.

Dieses »Ich bin« ist das ewige göttliche »Wort« des Johannesevangeliums, das von sich selbst sagt: »Bevor Abraham war, bin Ich« (Joh 8,58). Es ist die Wirklichkeit in allem, was ist. Es ist das reine Sein, der Urquell, aus dem alles Leben in nie endender Fülle hervorgeht. Es ist alles in allem, und wer es erkennt, erlebt die ganze Schöpfung als dieses »Ich bin«, und kann, wie der weise Seher am Ende der *Taittirya Upanishad*, ausrufen:

> Wie wunderbar! »Ich bin«, noch bevor die Götter wurden. Ich bin das Zentrum und die Quelle der Unsterblichkeit. Und ich strahle wie die Sonne.[19]

3
Innere Umkehr

Die Suche nach dem Glück

Alle Menschen streben nach Glück und wollen Leid vermeiden. In unserem Bemühen, zu den scheinbar von uns getrennten Objekten in Beziehung zu treten, schaffen wir immer wieder jenen Dualismus, aus dem Verwirrung und Leiden entstehen. Wer sich jedoch der Vergänglichkeit alles Irdischen und der aus der Anhaftung an das Vergängliche resultierenden Leidhaftigkeit bewusst geworden ist, wird das, was die breite Masse der Menschen zum Inhalt ihres Lebens, Denkens und Handelns gemacht hat, nur noch als »sinnlose Zeitverschwendung« betrachten.

Er wird kein Verlangen mehr verspüren, sich – wie ein Goldhamster im Laufrad – in sinnloser Aktivität zu bewegen. Er ist zu jener Klarsicht gelangt, die ihm all das hat bewusst werden lassen, worüber die Aufmerksamkeit der meisten Menschen nur oberflächlich dahingleitet. Über diese Klarsicht verfügte Buddha, als er seine »Edle Wahrheit vom Leiden« verkündete.

> Dies ihr Mönche, ist die Edle Wahrheit vom Leiden: Geburt ist Leiden, Alter ist Leiden, Krankheit ist Leiden, Tod ist Leiden, Trauer ist Leiden, Jammer

ist Leiden, Schmerz ist Leiden und Gram und Verzweiflung sind Leiden. Ebenso mit Unlieben vereint und von Lieben getrennt sein ist Leiden, Begehrtes nicht erlangen können ist Leiden.
Dies bedeutet: Die fünf *Skandhas* – Körperlichkeit, Empfindungen, Wahrnehmungen, Geistesregungen und Bewusstsein – sind Leiden.[20]

Dieser Satz ist Ausdruck höchster philosophischer Überlegung und meditativen Schauens. Buddha verwendet hier die Begriffe in einem über die alltagssprachliche Wortbedeutung weit hinausgehenden Sinn. Alle die oben aufgeführten Situationen sind vom Leben nicht zu trennen, und solange die trügerische, leere Natur der *Skandhas* nicht durchschaut ist, ist man an dieses Leidensrad des *Samsara* gebunden.

Hier wird der Leser vielleicht einwenden, dass unser Dasein in der Welt zwar kein ungetrübtes Freudenfest ist, aber doch auch seine schönen und erfreulichen Seiten hat. Diesem Einwand soll auch keinesfalls widersprochen werden – ganz im Gegenteil! Sind es doch gerade die schönen und freudigen Dinge, die das Leben so lebenswert erscheinen lassen.

Doch die Kehrseite der Medaille ist diese: Welche Freude uns das Leben auch bescheren mag, jedes Glück, ja alles was wir lieben, ist letztendlich nur von begrenzter Dauer. Hinzu kommt, dass alles, was wir erreichen, uns niemals wirkliche Befriedigung geben kann, da wir ja eigentlich, ohne es zu wissen, etwas ganz anderes suchen, weshalb der Kirchenvater Aurelius Augustinus sagt:

> Du, oh Gott, hast uns zu Dir hin erschaffen, und deshalb ist unser Herz unruhig, bis es ruht in Dir.[21]

Da alles, was wir erreichen, uns somit keine endgültige Befriedigung geben kann, bleiben wir innerlich unzufrieden und setzen unsere Ziele immer höher. Doch jeder Versuch, einen Zustand dauerhafter Zufriedenheit auf den unbeständigen und bedeutungslosen Freuden dieser Welt aufzubauen, muss letztlich in Enttäuschung enden.

Wir greifen nach dem, was wir für Gold halten, und haben in den Händen letztlich nichts als trockenen Sand, der uns zwischen den Fingern zerrinnt. Wir Menschen jagen nach dem Glück, indem wir mit allen Mitteln versuchen, unsere Wünsche zu befriedigen; wenn sie erfüllt werden, sind wir fröhlich – wenn nicht, sind wir traurig. Das Verhängnisvolle jedoch ist, dass die Wünsche wie ein Buschfeuer brennen und nach immer mehr Brennstoff verlangen. Der chinesische Zen-Meister Bodhidharma (6. Jh.), bekannt als der erste Patriarch des Zen-Buddhismus, meint hierzu:

> Die Menschen der Welt sind ewig in Verwirrung, sie heften sich überall an dieses oder jenes Ding. Die Weisen jedoch begreifen die Wahrheit und sind nicht wie die Gemeinen. Ihr Geist verweilt gelassen im Ungeschaffenen, während der Körper in Übereinstimmung mit dem Gesetz der Verursachung handelt und wandelt.
>
> Alle Dinge sind leer, und da ist nichts Begehrens- und Erstrebenswertes. Diese Welt, wo auch immer man zu lange verweilt, ist wie ein brennendes

> Haus. Weil die Weisen gründlich vertraut sind mit dieser Wahrheit, heften sie sich nie an etwas Werdendes, ihre Gedanken sind zur Ruhe gekommen, sie verweilen in Wunschlosigkeit. Im *Sutra* heißt es: Wo auch immer ein Begehren ist, da findest du Leiden; wenn das Begehren aufhört, bist du frei vom Leiden. Nicht-Begehren ist der Weg zur Wahrheit. Darum sage ich euch: »Seid ohne Begehren!«[22]

Die meiste Zeit unseres Lebens werden wir von einem bestimmten oder auch unbestimmten Verlangen nach diesem oder jenem geplagt, nur um das kurze, vergängliche Glück des Augenblicks zu erhaschen. Wir neigen dazu, Glück mit Vergnügen zu verwechseln, ohne zu erkennen, dass Vergnügen nur eine Illusion, ein Schatten des Glücks ist. In diesem Wahn verbringen die meisten von uns ihr ganzes Leben, ständig auf der Suche nach neuen Vergnügungen. Doch alles ist vergänglich und kann uns kein andauerndes, wahres Glück bescheren. Demzufolge kann wahres Glück nur im »Unvergänglichen« gefunden werden, nur in dem, was unabhängig ist von Raum und Zeit. Denn die Gegenwart ist nicht greifbar, die Vergangenheit ist nur ein Gedanke und die Zukunft gleichermaßen.

Wir können keinen Augenblick festhalten, ohne dass sich nicht sofort die Vergangenheit seiner bemächtigt und ihn zur Erinnerung werden lässt. Augustinus weiß die Situation mit sehr kraftvollen Worten zu beschreiben:

> Diese Tage sind nicht. Beinahe gehen sie eher, als sie kommen. Und da sie kamen, können sie nicht

> Bestand haben. Sie verschlingen sich, folgen sich und halten nicht an. Nichts vom Vergangenen lässt sich zurückrufen. Was zukünftig ist, wird als Vorübergehendes erwartet. Noch nicht hat man es, solange es nicht kam. Nicht kann man es halten, da es kam. Des Augenblicks Flut reißt alles mit sich. Der Dinge Strom braust vorbei.[23]

Die Vergänglichkeit all dessen, was wir mit unseren Sinnen wahrnehmen, ist eine der hauptsächlichen Ursachen unserer Leiderfahrung. Diese Welt ist vergänglich, und Vergänglichkeit ist Leid. Doch wir leiden nicht, weil die Dinge dieser Welt vergänglich sind, sondern weil wir uns an das Vergängliche anklammern. Demzufolge leiden wir nicht, weil die Welt nicht in Ordnung ist, sondern weil wir nicht in Ordnung sind. Hierzu sagt Meister Eckhart:

> Alles Leid kommt her von Liebe und Zuneigung. Darum, habe ich Leid wegen vergänglicher Dinge, so habe ich und hat mein Herz noch Liebe und Hang zu vergänglichen Dingen und habe ich Gott nicht aus meinem ganzen Herzen lieb und liebe noch nicht das, was Gott von mir und mit sich geliebt wissen will. Was Wunder ist es dann, wenn Gott zulässt, dass ich ganz zu Recht Schaden und Leid erdulde.[24]

Diesen Worten des großen christlichen Mystikers entnehmen wir, dass unsere Befreiung vom Leiden nichts anderes sein kann als eine Loslösung von allen

Anhaftungen. Diese Loslösung hat aber nichts zu tun mit einer weltverachtenden, negativen Geisteshaltung. Vielmehr geht es dabei um eine Änderung unserer »Einstellung« den Dingen gegenüber. Alle unsere Bemühungen um Befreiung aus dem *Samsara*, dem Kreislauf von Geburt und Tod, sollten niemals eine Verachtung der Welt sein, sondern eine Loslösung von unseren Anhaftungen an diese.

Es geht darum, alles loszulassen, um alles auf einer neuen Ebene zurückzuerhalten. Hierbei gelangen wir zu einer völlig neuen Sichtweise mit einer daraus resultierenden Freiheit und »inneren« Losgelöstheit von den Dingen. Solch ein wirkliches Freisein von den Dingen kann aber niemals durch eine Entbehrung der Dinge selbst erreicht werden, weil diese uns noch nicht entleert, solange wir noch Verlangen nach ihnen haben. Nur indem wir leer werden von unseren Neigungen und Begierden nach den Dingen, lösen wir uns von unseren Anhaftungen. Das ist es erst, was uns wirklich frei und leer macht, selbst wenn wir viele Dinge besitzen. Mit den Worten Meister Eckharts:

> Wir sollen haben, als ob wir nicht hätten, und doch alle Dinge besitzen.[25]

Und so sagt auch der Apostel Paulus:

> Wer alle Dinge so besitzt, als besäße er sie nicht, besitzt alle Dinge im richtigem Maß.
>
> (1.Kor 7,29-31)

Die Bewusstwerdung der Leerheit aller Erscheinungen

Das innere Leersein von allen Erscheinungen ist die unausweichliche Voraussetzung zur Erfahrung unseres ursprünglichen Wesens. Was uns am Aufstieg zum Göttlichen hemmt, was uns niederhält und an die raumzeitliche Dimension fesselt, sind nicht unser Körper oder die äußeren Dinge. Vielmehr sind es unsere Begierden mit den daraus resultierenden Verstrickungen in die Mannigfaltigkeit einer äußeren Erscheinungswelt.

Unsere Befreiung aus diesen Verstrickungen ist deshalb nur möglich auf dem Wege der Erkenntnis und Bewusstwerdung der Leerheit und Unwirklichkeit aller Erscheinungen. Nur so gelangen wir zur Loslösung von allen Identifikationen und Anhaftungen, durch welche die in ihrem Nichtwissen gefangenen Weltmenschen noch gebunden sind. Jene sind wie lang eingesperrte Gefangene, die sich so an ihre Ketten gewöhnt haben (und sogar noch Gefallen daran finden), dass sie sich, im Gegensatz zu den Erkenntnissuchenden, nicht mehr nach Freiheit sehnen. Deshalb fordert uns Plotin (3. Jh.) auf:

> Wir müssen durch »Erkenntnis« zum Heiligtum vordringen, indem wir die Augen vor dem Schauspiel der irdischen Dinge verschließen. Wer immer sich von diesen Trugschatten verführen lässt und sie für Wirklichkeit hält, wird nur ein Bild ergreifen, so flüchtig wie eine im Wasser gespiegelte verschwommene Gestalt. Er würde dem verzauberten Narziss gleichen, der sein Bild im

Strom gespiegelt zu ergreifen suchte und, vom Strom mitgerissen, verschwand.[26]

Je mehr wir uns der allumfassenden Ganzheit des göttlichen Seins innerhalb wie außerhalb unserer selbst bewusst werden, desto weniger werden wir an die Realität und Wichtigkeit unserer Ichwahn-bedingten Persönlichkeit und eine von ihr erlebte Außenwelt glauben können. Wer jedoch nur in der Illusion seiner Ichgebundenen Welt des Denkens und Fühlens lebt, wird im Ozean der Wandelwelt umhergeworfen und bleibt so als Sklave seiner Begierden an das Rad des Daseins gebunden. Und so bewegt er sich unaufhörlich von Geburt zu Geburt, besessen vom Wahn zahlloser Phantasien als leerem Blendwerk des Denkens.

Da sein Geist von den Wolken des Nichtwissens überdeckt ist, kann er die strahlende Wirklichkeit seines wahren Seins nicht mehr erkennen. So sucht er, ohne zu wissen, was er sucht, das, was nur im Inneren zu finden ist, im Äußeren. Der Geist, als das dem Menschen eingeborene göttliche Licht, wartet aber nur auf das Beseitigen des Nichtwissens, um, nach dem Vertreiben der *Maya*-Wolken, wie die Sonne aufzustrahlen.

Entschlossenheit auf dem spirituellen Weg

Jenseits all dessen, was Sinne und Verstand zu fassen vermögen, leuchtet inwendig in uns das ewige göttliche Licht. Doch was nützt dies dem Menschen, wenn ihm die Empfänglichkeit für das Göttliche in seinem eigenen Innern ermangelt, so dass er sich immer mehr in das Rankengewirr seiner geistigen Verwirrung verstrickt. Aber so wie ein goldenes Gefäß mit Schmutz bedeckt sein kann, ohne etwas von seinem wahren Wesen einzubüßen, so liegt auch das wahre Selbst inwendig verborgen und bleibt ewig unberührt von dem es bedeckenden Schmutz der Unwissenheit.

»Suchet, so werdet ihr finden!« (Mt 7,7) heißt es im Evangelium. Dieses Suchen meint aber weit mehr, als wir im Allgemeinen bereit sind uns einzugestehen. Wenn der ursprüngliche Beweggrund unseres geistigen Strebens nicht der richtige ist, werden wir uns schließlich umsonst abgemüht haben. Deshalb drängten die alten chinesischen Zen-Meister ihre Schüler, sich so auf den geistigen Weg einzulassen, als stünden sie am Rande des Todes.

Das Suchen nach der göttlichen Wirklichkeit ist ein Suchen im Sinne einer alles verzehrenden Sehnsucht, die ihren Höhepunkt in einer vollkommenen Selbsthingabe an Gott findet. Solch eine Entschlossenheit auf dem spirituellen Weg wird uns aber unweigerlich von all dem wegführen, was die an die Unwissenheit Gebundenen als höchsten Sinn und Zweck ihres menschlichen Daseins betrachten. Und so steht auch schon in der *Katha Upanishad*:

> Die Toren rennen den äußeren Vergnügen nach, sie gehen nur dem Tod in die ausgelegte Falle. Doch die Weisen, die die Unsterblichkeit erkennen, suchen nicht das Unvergängliche in vergänglichen Dingen.[27]

Das hier Gesagte ist jedoch nur von demjenigen nachvollziehbar, der alle Illusionen über die Bedeutung und Wichtigkeit seines kleinen Egos und seiner Welt verloren hat, denn nichts ist wichtig angesichts der Gegenwart des Todes. Dies setzt eine große Bewusstwerdung der Vergänglichkeit alles Irdischen, mit der daraus resultierenden Leidhaftigkeit, voraus.

Das Verständnis von der unausweichlichen Vergänglichkeit alles Seienden ist die grundlegende Voraussetzung zur höheren spirituellen Erkenntnis. Hier erkennen wir unsere Torheit, unser Glück in der Jagd nach dem Beständigen im Unbeständigen zu suchen. Ob wir in dieser Jagd nach dem Beständigen unser Glück in Macht, Geld, in der Sucht nach Selbstbestätigung oder in schönen mystischen Erlebnissen suchen, so greifen wir letztlich doch immer nur ins Leere.

Im Allgemeinen ist der Mensch gefangen in den Reaktionsmustern von Begehren und Ablehnung, von Wollen und Nicht-Wollen. Die meisten leben ständig in einem geistigen Spannungszustand der Hoffnung, dass ihre Wünsche in Erfüllung gehen, und der Furcht, dass etwas Unangenehmes geschehen könnte. Dieses verselbständigte Verhaltensmuster des unterscheidenden, begrifflichen Denkens ist die Ursache für die sich daraus erhebenden Gefühle des Unbefriedigt- und Angespanntseins.

Die meisten Probleme im Leben sind Folgeerscheinung dieser geistigen Prozesse und entstehen demzufolge nicht, wie man für gewöhnlich glaubt, durch äußere Situationen und andere Menschen. Solange man noch in der Illusion lebt, Glück und Erfüllung außerhalb von sich finden zu können, bleibt man an diese eigentliche Ursache des Leidens gebunden.

Die Dinge dieser Welt kommen und gehen. Aber die tiefgreifende Einsicht, dass sie kommen und gehen und wir nichts, aber auch wirklich rein gar nichts festhalten können, ist ein Zeichen beginnender höherer Erkenntnis. Denn wenn wir völlig durchdrungen sind von der Einsicht, dass es wirklich unmöglich ist, irgendetwas festzuhalten, sind wir erst reif für die wirkliche Hingabe an das Göttliche. Wenn wir dann noch alles los- und hinter uns lassend auch alle unsere Vorstellungen von Gott, Erlösung und Erleuchtung fallen lassen, werden wir uns erheben über die dunklen Nebel der Erscheinungen. Wir werden geeint mit dem ewig aus sich selbst Seienden, den wir ohne es zu wissen in den vergänglichen Dingen dieser Welt gesucht haben. Mit den Worten des heiligen Augustinus:

> Du, oh Gott, hast uns zu Dir hin erschaffen, und deshalb ist unser Herz unruhig, bis es ruht in Dir.[28]

Je größer die Bewusstwerdung von der Vergänglichkeit alles Seienden ist, umso mehr erwächst uns aus ihr der Wunsch nach Befreiung; dieser Wunsch kann dann so intensiv werden, dass er keinem anderen Wunsch mehr Platz lässt. In der indischen Tradition hören wir in einem Gleichnis von dem Schüler, der, nachdem er von seinem Meister mit dem Kopf in den Ganges getaucht wurde, auf dessen Frage, an was er unter Wasser gedacht habe, nur noch mühsam die Worte »Luft, Luft« hervorbringen konnte. Worauf der Meister zu ihm sagte:

»Solange deine Sehnsucht nach Gott nicht so groß ist wie eben unter Wasser dein Verlangen nach Luft war, wirst du Gott nicht erfahren.«

Natürlich bin ich mir darüber im Klaren, dass die hier geforderte Konsequenz des geistigen Weges alles andere als beruhigend und förderlich für die menschliche Bequemlichkeit ist. Doch wer sich mit den Evangelien ehrlich auseinandersetzt, wird sich über die folgenden Aussagen Jesu nicht so einfach hinwegsetzen können:

> Bemüht euch mit allen Kräften, durch die enge Pforte zu gelangen! (Lk 13,24) Doch eng ist die Pforte und schmal der Weg, der ins ewige Leben führt, und wenige sind es, die ihn finden. (Mt 7,14)

> Wer mein Jünger sein will, der verleugne sich selbst, nehme sein Kreuz auf sich und folge mir nach! (Mk 8,34) Folge mir nach, und lass die Toten ihre Toten begraben! (Mt 8,22)

Solche Aussagen ließen sich weiter fortführen, doch wollen wir uns hier auf das Wesentliche beschränken. Für die meisten Menschen haben diese Worte Jesu einen negativen, mehr eine innere Ablehnung verursachenden Klang. Doch müssen wir uns bewusst machen, dass Jesus diese Worte nicht als allgemeine Belehrung spricht. Nein, er schaut seinen Jüngern bei diesen Worten direkt ins Gesicht, um sie aus ihrer geistigen Trägheit und ihrem Verhaftetsein in der Illusion einer äußeren Erscheinungswelt herauszureißen. Als der aus der Fülle des göttlichen Seins lebende, verwirklichte

Meister übermittelt er keinen alten, verstaubten *Dharma*. Er vermittelt keine trockene Lehre, sondern möchte seine von Gott ihm anvertrauten Jünger – die er bedingungslos liebt – zur sofortigen geistigen Umkehr zu Gott hin bewegen.

Obwohl diese kraftvoll gesprochenen Worte Jesu vielen als zu radikal erscheinen, sind es aber für einige wenige brennende Berührungen, die ihr Leben verwandeln, indem sie eine geistige Kehrtwendung, eine »*Metanoia*« bewirken, die sie von all dem losreißt, was ihnen bis dahin Sinn und Zweck allen Strebens war. In ihrer Entschlossenheit, alles hinter sich zu lassen und nur noch dem göttlichen Ruf zu folgen, erheben sie sich über die Welt des Scheins und werden so zu Kindern des überweltlichen Seins. Für sie zählt nur noch das Reich Gottes, alles andere muss zurückgelassen werden.

Dies bedeutet jedoch keineswegs, dass sie deshalb solche Werte wie Ehe, Familie und Gemeinschaft der Menschen verachten. All das hat seinen höheren Sinn, und wer aus der Fülle des göttlichen Seins lebt, weiß diese Werte mehr zu schätzen als jeder andere, da er bis in den Grund der Dinge eingedrungen ist. Nur wird er, da er frei von Identifikation ist, an nichts mehr anhaften. In der rückhaltlosen Nachfolge Christi überlässt er die Angelegenheiten dieser Welt sich selbst und folgt nur noch dem nach, der ihm zuruft:

> Wer sich nicht von allem lossagt, der kann nicht mein Jünger sein! (Lk 14,26) Darum folge mir nach, und lass die Toten ihre Toten begraben! (Mt 8,22)

Freisein von Vielsorgerei

Wer die Evangelien mit den Augen des Herzens liest, wird erkennen, dass Jesus alles andere als ein schiefköpfiger Heiliger ohne Saft und Kraft war.

Jesus ist der *Christos*, der vom göttlichen Geist Erfüllte. Dieser göttliche Geist ist die Fülle des Lebens und der Freude, die in Jesus aufbricht und sich in den Menschen, die mit ihm in Berührung kommen, als Hoffnung auf Erlösung niederschlägt. Sie können endlich befreit aufatmen. Das Bedrückende fällt von ihnen ab, und Freude strahlt auf. Solch eine Wirkung ist aber nur dadurch zu erklären, dass er nicht nur von Freude sprach, sondern selbst Freude ausstrahlte, so dass er die Menschen mitriss in eine Atmosphäre des Vertrauens und der »Begeisterung für Gott«. Diese Begeisterung ist es, die die Menschen herausreißt aus ihrer kleinlichen Angst und ihrer Vielsorgerei um die alltäglichen Belange und Nichtigkeiten des menschlichen Lebens. Hören wir die Worte Jesu:

> Seid nicht ängstlich besorgt um euer Leben, was ihr essen und trinken sollt, noch für euren Leib, was ihr anziehen sollt. Ist nicht das Leben mehr als Nahrung und der Leib mehr als Kleidung?
> Sehet die Vögel des Himmels an: Sie säen nicht, sie ernten nicht und sammeln nicht in Scheunen; und euer himmlischer Vater ernährt sie doch. Seid ihr denn nicht viel mehr als sie?
> Wer aber von euch kann mit all seiner Sorge sein Leben auch nur um eine Zeitspanne verlängern?

> Trachtet vielmehr nach dem Reich Gottes, und alles andere wird euch hinzugefügt werden. Sorget euch also nicht um den morgigen Tag, denn der morgige Tag wird für sich selber sorgen.
>
> (Mt 6,25 – 34)

Die Vielsorgerei ist eine Krankheit des konditionierten, erdgebundenen Menschen, der aus Mangel an Vertrauen auf Gott sein Schicksal selbst zu gestalten sucht. Voller Angst schaut er in die Zukunft, und wehmütig oder mit Schuldgefühlen schaut er in die Vergangenheit. Dies beunruhigt das menschliche Herz und zerstreut das geistige Gewahrsein, so dass der Mensch seine Fähigkeit verliert, die stets gegenwärtige Anwesenheit des göttlichen Seins wahrzunehmen. Sein von Gott getrenntes Dasein ist somit nur noch ein kümmerlicher Schatten dessen, was sein Leben sein könnte und sollte. Da er nicht mehr auf den harmonischen Klang der Musik des Lebens hört, kann er in der Welt nichts anderes mehr, als nur noch »Disharmonie« wahrnehmen.

Wer als Opfer der Vielsorgerei ängstlich und verspannt umhergeht, der braucht sich nicht zu wundern, wenn sich seine negative, von anderen als Ablehnung empfundene Geisteshaltung in seiner Umwelt reflektiert. Diese ängstliche Geisteshaltung ist es, die alle Arten von Grenzen und Hemmungen zwischen den Menschen errichtet, so dass sie ihre ursprüngliche Wesensgleichheit nicht erkennen können. Es ist die Angst, die verhindert, dass ein Mensch dem anderen voll Liebe und Mitgefühl begegnet, denn das kleine, begrenzte Ich fürchtet sich davor, sich der grenzenlosen Weite des Einen Geistes zu öffnen. Diese Angst ist die Ursache von Misstrauen, Eifersucht und Neid; sie macht das Ich zu einer Festung gegenüber allem, was es umgibt.

So wie ein Spiegel immer nur das Gesicht widerspiegelt, das in ihn hineinschaut, so reflektiert die wahrgenommene Welt auch immer nur unsere jeweilige Bewusstseinsverfassung. Es ist wie in dem alten tibetischen Gleichnis von dem Hund im Spiegelsaal:

Eines Tages hatte ein Hund beim Herumstreunen sich in einer Höhle mit vielen Gängen verirrt und befand sich plötzlich in einem großen Saal mit tausend Spiegeln. Wo er auch hinschaut, überall sieht er nur Hunde, nichts als Hunde. Erschrocken und voller Misstrauen sträubt er das Fell und weicht einige Schritte zurück; da dies alle anderen Hunde in den tausend Spiegeln auch tun, beginnt er zu knurren, zieht die Lefzen hoch und zeigt wütend seine Zähne. Als er sich nun aber zu seinem Entsetzen dieser riesigen Zahl von wütenden, zähnefletschenden Hunden gegenüber sieht, gerät er in heillose Verwirrung. Er beginnt sich zornig im Kreise zu drehen, was die Hunde in den Spiegeln natürlich ebenfalls tun, und so dreht er sich immer schneller und schneller, bis er plötzlich tot umfällt.

Es stellt sich nun hier die Frage: Was wäre wohl geschehen, wenn dieser arme Hund auch nur ein einziges Mal mit seinem Schwanz gewedelt hätte?

Ein indisches Sprichwort sagt: »Das Lächeln, das du aussendest, kehrt zu dir zurück.« Die Welt ist nämlich nur ein Spiegelbild unserer selbst, und es hat keinen Sinn, das Spiegelbild zu tadeln. Wir können das Bild der Welt nicht ändern. Wir müssen bei uns selbst beginnen, wenn wir eine freudige und friedliche Welt erleben wollen; dies ist ein geistiges Gesetz.

Voraussetzung jedoch zur inneren Bereitschaft, unser Herz für alle Wesen zu öffnen, ist die auf dem spirituellen Weg sich vollziehende selbstlose Hinwendung und mitfühlende Liebe zu allem Lebendigen. Doch dies kann nur durch die Überwindung unserer eigenen Konditionierungen geschehen, so dass die Welt der Gegensätze überstiegen und die Wesensgleichheit mit allen Wesen erfahren werden kann. Nur so finden wir Frieden in uns selbst und setzen damit Liebe, Toleranz und Frieden in die Welt.

Rückhaltloses Vertrauen

Der entscheidende Schritt zu Gott hin besteht darin, alle Vielsorgerei und alle Konditionierungen, das heißt alle Angst und alles Anklammern, loszulassen. Dies setzt aber ein rückhaltloses Vertrauen voraus. Denn wir können unsere Ängste und Anklammerungen nur loslassen in dem Maße, wie unser Vertrauen in Gott wächst, sich vertieft und durch mystische Eigenerfahrung immer mehr zur unerschütterlichen Gewissheit heranreift. Wir sollten niemals vergessen, dass die christliche Wahrheit weit mehr ist als eine im unterwürfigen, blinden Glauben angenommene äußere Lehre. Der wahre lebendige Glaube ist vielmehr der Weg, der uns im mystischen Eigenerleben zur tiefen persönlichen Erfahrung der Fülle des inneren Lebens führt. Je mehr wir aber in solch einer lebendigen Erfahrung des inneren Gotterlebens stehen, umso mehr stehen wir auch in der göttlichen Liebe, und wo diese ist, da findet sich wiederum kein Platz für die Furcht.

Christliche Seelsorger und Prediger haben mit ihren Schreckensbildern von Hölle, Fegefeuer und ewiger Verdammnis eine künstlich erzeugte Angst vor dem Tod ausgelöst und auf diese Weise viel Unheil angerichtet. Eine künstlich verursachte Todesangst ist aber alles andere als ein Weg zur Erlösung. Angst vor dem Tod zu erzeugen, um dann die heilige Kirche als die allein selig machende Erretterin vom Tode erklären zu können, ist ein verwerfliches theologisches Geschäft mit dem Tod. Die Erpressung von Moral und kirchlichem Wohlverhalten durch Androhung von ewiger Verdammnis hat mit einer Verkündigung der »Frohen Botschaft« und einem »Evangelium der Liebe« nichts zu tun. Deshalb heißt es im ersten Johannesbrief:

> Furcht ist nicht in der Liebe, sondern die vollkommene Liebe vertreibt die Furcht. (1.Joh 4,18)

Aber so wie die Liebe, als die göttliche Wirklichkeit selbst, die Furcht vertreibt, so nimmt die Furcht zu in dem Maße, wie die Liebe abnimmt, weshalb Johannes Klimacos (7. Jh.) sagt:

> In dem Maße, als die Liebe in uns schwindet, erfasst uns Furcht.[29]

Bleiben wir aber in der Liebe, so bleiben wir in Gott, denn:

> Gott ist die Liebe, und wer in der Liebe bleibt, der bleibt in Gott, und Gott in ihm. (1. Joh 4,16)

Über die Liebe, die Gott selbst ist, hat der christliche Mystiker Isaak der Syrer (7. Jh.) geschrieben:

> Die Liebe ist das Königreich Gottes, von dem unser Herr sprach: »Das Reich Gottes ist inwendig in euch« (Lk 17,21). Wenn wir die Liebe erreicht haben, haben wir Gott erreicht, und unser Weg ist am Ziel.[30]

Es ist das Ziel unseres geistigen Strebens, dass unser ganzes Leben zu einem erfüllten Leben im göttlichen Sein werde und dass unser Atem sich vereine mit dem göttlichen Odem, der das ganze Universum erhält. Hierzu können wir aber nicht gelangen, es sei denn durch unsere freiwillige Selbsthingabe an Gott. Diese Hingabe ist ein vertrauensvolles, freudiges Loslassen alles Äußeren und ein gänzliches Überlassen unserer selbst an die höhere Wirklichkeit. Zu solch einer inneren Abgeschiedenheit kann der Mensch aber nur gelangen, wenn ihm als Antwort auf sein liebendes Sehnen, Glauben und Hoffen die göttliche Gnade zuteil wird. Hierzu sagt Meister Eckhart:

> Ich erschrecke oft, wenn ich von Gott reden soll, wie völlig abgeschieden die Seele sein muss, die

> zu jener Einswerdung kommen will. Das aber darf jedoch niemandem unmöglich dünken. Es ist der Seele nicht unmöglich, die Gottes Gnade besitzt. Keinem Menschen fiel je etwas leichter, als es der Seele fällt, die Gottes Gnade besitzt, alle Dinge zu lassen.[31]

Wir dürfen uns hier jedoch nicht der Hoffnung hingeben, dass uns die göttliche Gnade aus irgendeiner blinden Laune heraus anrührt oder dass wir sie uns nur zu erbitten brauchen oder gar erzwingen können mit einer »New-Age-Technik« des positiven Denkens. Wollen wir der Gnade, als dem Wirken der göttlichen Liebe, teilhaftig werden, dann gibt es keinen anderen Weg, als uns in unserem eigenen Tun und Wollen zurückzunehmen, so dass die göttliche Liebe in uns wirken kann. Meister Eckhart sagt:

> Die Liebe beginnt da, wo das Denken aufhört. Wir brauchen aber die Liebe von Gott nicht erbitten, sondern wir müssen uns für sie nur bereit halten.[32]

Dieses »sich Bereithalten« ist ein »sich Offen- und Leermachen«, auf dass wir zu einem leeren Gefäß werden, in das sich die Fülle des göttlichen Seins ergießen kann. Denn je mehr der Mensch in seiner Hinwendung zu Gott aus sich herausgeht, umso mehr geht Gott in ihn hinein. Meister Eckhart drückt es so aus:

> Es ist ein gleichwertiger Austausch und ein gerechter Handel: So weit du ausgehst aus allen

Dingen, so weit, nicht weniger und nicht mehr, geht Gott ein mit all dem Seinen, dafern du in allen Dingen dich des Deinen völlig entäußerst. Damit fang an, und lass dich dies alles kosten, was du aufzubringen vermagst. Da findest du wahren Frieden und nirgendwo sonst.[33]

In diesem »Leerwerden« von sich selbst und allen Dingen, in einem »Transparentwerden zur Transzendenz«, befreit sich der Mensch von jenem tödlichen Selbstvertrauen, welches das Kennzeichen des erdgebundenen Weltmenschen ist, der aus Mangel an Glauben eher bereit ist, auf sich selbst anstatt auf Gott zu vertrauen. Für denjenigen, der so auf sich selbst und seine Welt der Sinne und des Verstandes vertraut, bleibt dann nur noch, dass er an den Gegebenheiten des Lebens reift – sei es durch einen Schicksalsschlag oder durch sonstige Leiderfahrungen. Entweder wird er sich dann in der Bewusstwerdung seiner Ohnmacht gegenüber dem Schicksal dem Göttlichen zuwenden oder aber seinen restlichen Glauben verlieren.

Der Glaube aber, der sich im Innersten des Herzens dem göttlichen Sein geöffnet hat, kann nie verloren gehen. »Dieser Glaube steht auf einem Felsen« (Mt 7,24).

4
Im Angesicht des Todes

Nichts ist wichtig angesichts der Gegenwart des Todes

Der wesentliche Schritt auf dem geistigen Weg ist das »sich Leermachen«. Dies bedeutet aber nicht, wie man im Allgemeinen glaubt, nur demütig zu werden und unser unruhiges Bewusstsein ausschließlich still und unbewegt zu halten, damit es frei bleibt von Identifikation und Anhaftung, sondern etwas viel Tieferes und Bedeutsameres. Es geht darum, dass der Mensch der eigenen Hilflosigkeit ins Auge schaut hinsichtlich des Gekettet- und Gefangenseins im Kreislauf von Geburt und Tod. Jeder sollte klar seine Situation überschauen und sich ständig der Bedeutungslosigkeit seines weltlichen Strebens, in Anbetracht seiner eigenen Sterblichkeit, bewusst werden.

»Nichts ist wichtig angesichts der Gegenwart des Todes!« Wie oft habe ich diese Worte aus dem Munde meines Meisters Soji Enku gehört. Die Unausweichlichkeit des Todes ist eine unleugbare Tatsache. Dass wir eines Tages sterben werden, ist höchste Gewissheit, und die höchste Ungewissheit ist – die Todesstunde.

Es ist deshalb von grundlegender Wichtigkeit für den geistig Praktizierenden, sich darin zu üben, eine

Aufmerksamkeit zu entwickeln, die sich ständig und in allen Situationen des Lebens der »Ungewissheit des Todeszeitpunktes« bewusst ist. Alle Menschen wissen zwar, dass sie einmal sterben müssen, die meisten aber haben den Gedanken an die Möglichkeit, dass der Tod »jetzt«, innerhalb der nächsten Stunde kommen kann, weit von sich geschoben.

Es ist jedoch eine Tatsache, dass die Lebenskraft so schnell von uns abfallen kann wie ein Tautropfen von der Spitze eines Grashalms. Das Menschenleben ist so leicht zu zerstören wie eine Seifenblase. Deshalb ist es ein verhängnisvoller Fehler und eine große Dummheit, die Übungen auf dem geistigen Weg aufzuschieben mit der Begründung, man sei im Augenblick zu sehr beschäftigt, doch würde man später, wenn man mehr Zeit habe, mit dem geistigen Weg beginnen.

Unversehens kann uns der Tod überraschen, ob wir darauf vorbereitet sind oder nicht. In jenem entscheidenden Augenblick wird man einsehen müssen, dass alle intellektuelle Bildung, alle Macht und aller Reichtum, das heißt alles, dem man in diesem Leben ergeben war, nicht mehr die geringste Hilfe und Sicherheit bieten kann. Wenn der Tod uns anrührt, dann gibt es für uns nichts mehr zu tun. Er reißt uns alles aus der Hand. Er zerstört unsere Möglichkeiten des Verfügens und Disponierens, und dies so konsequent und radikal, dass alles, was vor ihm war, so zu nichts wird, als hätte es nie existiert: Freude und Leid, Gewinn und Verlust, Liebe und Hass, alles, was ein Menschenleben ausfüllt, wird hinweggefegt. Der Tod zerreißt alle unsere Selbsttäuschungen der alltäglichen Wichtigkeiten des menschlichen Lebens. Nichts – was es auch sei – hat mehr einen Wert in der Stunde des Todes, außer dem, was man auf dem geistigen Weg verwirklicht hat.

In der »Nachfolge Christi« des Thomas a Kempis aus dem 15. Jahrhundert findet sich der folgende, an die Lehren des tibetischen Buddhismus erinnernde, sehr bedeutsame Abschnitt:

> Sterblicher, denk ans Sterben! Schnell und schneller als du glaubst, wird es mit dir hinieden geschehen sein. Sieh also zu, wie es um dich steht. Denn heute noch ist der Mensch und morgen schon ist er nicht mehr, und ist er einmal aus den Augen der Menschen, so ist er auch schnell aus ihrem Gedächtnis entschwunden. Und so mancher, der gestorben war, wurde schneller vergessen, als seine Leiche beerdigt ward.
>
> Alles, was du denkst und tust, alles soll so gedacht und getan werden, als wenn du heute noch sterben müsstest. Wenn du heute nicht bereit bist, wie willst du es morgen sein. Der morgige Tag ist ein ungewisser Tag, und wer verbürgt dir, dass du ihn noch erleben wirst?
>
> Sei immer bereit und lebe so, dass dich der Tod nie unvorbereitet finden kann, denn oft kommt er zu einer Stunde, da er nicht erwartet wird! So lerne denn jetzt so zu leben, dass die Todesstunde dir mehr Freude als Schrecken bringt.
>
> Lerne jetzt der Welt abzusterben und alles Vergängliche zu verschmähen, damit du alsdann, frei von allen Banden, zu Christus heimgehen kannst.

> Oh, du einfältiger Tor! Was schmeichelst du dir mit der Hoffnung, lange in dieser Welt zu leben, da du auch nicht mit einem einzigen Tag sicher rechnen kannst. Wie viele haben sich mit falscher Hoffnung betrogen und mussten zu einer Stunde, da sie es nicht erwartet hatten, aus dieser Welt scheiden. So sterben alle dahin, und das Leben des Menschen geht wie ein Schatten vorüber.[34]

Wir erinnern uns hier an die mahnenden letzten Worte Buddhas an seine Jünger:

> Diese Welt geht vorüber, und alles was wichtig ist, fliegt vorbei. Jeder von uns muss aus seinem Traum erwachen. Es ist keine Zeit zu verlieren. Darum: Bemüht euch ohne Unterlass!
> Unbeständig ist alles in der Welt, gleich den Herbstwolken am Himmel. Gleich einem Schauspiel sind Geburt und Tod auf der Bühne des Lebens. Gleich dem Strahl des Blitzes verfliegt das Leben des Menschen, wie ein Bergstrom verrinnt es.[35]

Aus der bitteren Erfahrung der Unbeständigkeit und der damit verbundenen Vergänglichkeit allen Seins kommt das »sich Loslassen«. Es erhebt sich aus dem dunklen Abgrund der eigenen Hilflosigkeit und der daraus folgenden Hingabe. Indem der Mensch sich selbst loslässt und sich dabei ganz dem Göttlichen ausliefert, wird ihm urplötzlich das göttliche Licht seines wahren Wesens aufstrahlen. Mit den Worten des Zen-Meisters Bassui (14. Jh.):

Urplötzlich bricht euer Geist in die »Große Erleuchtung« auf, und gleich wie ein von den Toten Auferstandener werdet ihr in Lachen ausbrechen und in die Hände klatschen vor grenzenlosem Entzücken. In jenem Augenblick erkennt ihr zum ersten Mal, dass der eigene Geist Buddha ist.[36]

Dieses Erlebnis unserer ursprünglichen Natur, jenseits von Geburt und Tod, ist das »Große Erwachen« aus dem Traum einer dreidimensionalen raum-zeitlichen Welt. In diesem Erwachen fällt plötzlich alles ab und macht uns frei, die Welt so zu erkennen, wie sie ist. Es ist so, als würden wir die Welt zum ersten Mal sehen. In diesem Bewusstsein von wundervoller Klarheit ist jede Dualität von Subjekt und Objekt geschwunden, und wir fühlen uns, als wäre eine zentnerschwere Last von uns abgefallen.

In einem Brief des chinesischen Zen-Meisters Yüan-wu (12. Jh.) findet sich eine sehr gute Beschreibung dieses unbeschreibbaren Bewusstseinszustandes. Dort steht:

Es gibt diesen einen Weg, der offen und ohne Hindernis durch und durch führt, und du kannst ihn betreten, wenn du alles hingibst – deinen Leib, dein Leben und alles, was zu deinem geheimsten Selbst gehört. So gewinnst du den Frieden, die Wonne, das Nicht-Handeln und unbeschreibliches Glück. Alle *Sutras* und *Shastras* verkünden nur dieses Eine; alle Weisen, die alten und die neuen, haben ihr Genie und ihre Phantasie verwendet, einzig um den Weg dahin zu weisen. Es ist, als werde die Tür zu einem Schatzhaus aufgetan. Ist der Eingang einmal gewonnen, so ist alles, was dir zu Gesicht kommt, dein, jedes Ereignis dient deinem Leben. Ist nicht alles auf Erden in seiner unendlichen Vielfalt Besitz deines innersten ursprünglichen Selbst? Alle Schätze der Welt warten nur, dir zu Freud und Nutzen. Das ist der Sinn des Wortes: »Einmal gewonnen – für ewig gewonnen bis zum Ende aller Zeiten.« Doch ist in Wirklichkeit nichts gewonnen. Was du gewannst, war kein Gewinn, und doch ist wahrhaftig alles dabei gewonnen.[37]

Die untrennbare Einheit von Leben und Tod

Die Loslösung von unseren gewohnten Verhaltensmustern und Denkmodellen ist gleichzeitig eine geistige Befreiung, denn wir befinden uns nicht länger im Zwiespalt mit uns selbst. Indem wir so unsere innere Freiheit gewinnen, gelangen wir in den Zustand der geistigen Ruhe und des inneren Friedens.

In unserer bisherigen dualistischen Betrachtungsweise sahen wir die Dinge vom Gesichtspunkt der Unterscheidung und Gegensätzlichkeit aus. Doch in unserer Loslösung von allen identifikationsbedingten Anhaftungen gelangen wir über jede Form des Dualismus und somit auch über den Gegensatz von Geburt und Tod hinaus.

Chuang-tse (4. Jh. v. Chr.), nach Lao-tse der bedeutendste Vertreter des Taoismus, gibt uns in seiner Darstellung von den »wahren Menschen der alten Zeit« eine gute Beschreibung dieser, von den Gegensätzen von Geburt und Tod freien Geisteshaltung:

> Die wahren Menschen der alten Zeit kannten weder die Liebe zum Leben noch den Hass auf den Tod. Der Eintritt ins Leben war für sie kein Anlass zur Freude; der Austritt aus ihm rief keinen Widerstand hervor. Sie kamen und gingen in Gelassenheit. Sie fragten nicht nach ihrem Anfang, noch fragten sie nach ihrem Ende.
> Sie nahmen ihr Leben hin und freuten sich daran; sie vergaßen jegliche Furcht vor dem Tod und kehrten zurück zu ihrem Zustand vor dem Leben. Es lag also fern von ihnen, dem Tao zu widerstreben und den geringsten Versuch zu machen, mit menschlichen Mitteln dem Göttlichen Widerstand zu leisten.
> Daher genießt der Weise das, wovon er nie getrennt werden kann und was alle Dinge enthält. Er sieht sowohl einen frühen Tod als auch ein langes Leben, seinen Anfang und sein Ende als gut an.[38]

Sind wir erst einmal befreit von unserem »Nichtwissen« – ein anderer Name für »logischer Dualismus« –, werden wir erkennen, dass Leben und Tod nicht getrennt voneinander gesehen werden können. Das Leben bedingt den Tod, und der Tod bedingt das Leben. Die ganze Rätselhaftigkeit und Geheimnisfülle unseres Lebens gründet in dieser seiner Verschwisterung mit dem Tod. Das eine ist im anderen enthalten, und so durchdringen und bedingen sie sich gegenseitig. Alles Neuwerden setzt ein Entwerden und alles Aufgehen ein Untergehen voraus. Geburt und Tod sind somit nichts anderes als zwei verschiedene Erscheinungsweisen ein und desselben Vorgangs – so wie Ein- und Ausatmung –, so dass jeder Anfang als Ende und jedes Ende als Anfang gelten kann.

Diejenigen, die über einen »ewigen Tod« oder über »ewige Vernichtung« reden, als ob solche Dinge wirklich möglich wären, beweisen damit nur, dass sie außerhalb eigener meditativer Erfahrung stehen.

Es gibt keinen Tod, wo keine Geburt vorausging, und keine Geburt ohne nachfolgenden Tod. Wo Geburt ist, da ist auch Tod – wo Tod, da Geburt. Geburt und Tod bedingen sich gegenseitig. Hieraus müssen wir konsequenterweise folgern, wo »ewiger Tod« herrschte, dort müsste auch »ewige, das heißt ununterbrochene Geburt« sein. Die Idee vom ewigen Tod erweist sich somit als eine sinnlose und deshalb unhaltbare Vorstellung.

Der durch seine einseitige dualistisch-intellektuelle Betrachtungsweise behinderte Weltmensch sieht nichts anderes als die Unbeständigkeit und Wechselhaftigkeit der Dinge. Er ist daher unfähig, mitten im Ablauf der Zeit die unzerstörbare Ewigkeit selbst zu erkennen. Der in der Erleuchtungserfahrung durch die Pforte des Todes hindurchgegangene Mystiker jedoch hat die »untrennbare« Einheit von Leben und Tod erfahren, so dass der Tod für ihn seinen Schrecken verloren hat. Dies bezeugen uns auch die letzten Worte des Zen-Meisters Mjan-pu, dessen Kloster in der Sung-Dynastie von Räubern überfallen wurde. Als die Räuber beschlossen, den alten Meister mit dem Schwert zu töten, bat er sie, ihm Papier und Schreibpinsel zu geben, um seine letzten Worte niederzuschreiben:

> Ich schaue einem freudigen Ereignis entgegen, denn heute ist mein Glückstag, an dem ich eingehen werde in das *Sukhavati*-Paradies. Bitte vollendet mein Glück mit einem Schlag eures Schwertes. Schlagt nur zu, auf was wartet ihr noch![39]

Der zur wahren Natur des Geistes Erwachte befindet sich jenseits von Geburt und Tod, so dass für ihn die Frage von »Sein oder Nicht-Sein« ihre Bedeutung verloren hat. Für ihn gibt es keinen Grund mehr, sich am Leben festzuklammern. Da er die wunderbare Einheit von Leben und Tod erkannt hat, befindet er sich jenseits aller Dualität und individueller Beschränkung. Er steht in der großen Bejahung und Fülle des Lebens, da er durch sein Hineinsterben in den »Mystischen Tod« seine Neugeburt als Erwachter aus dem Traum von Geburt und Tod erfahren hat. Seine Befreiung aus dem Schattendunkel der *Maya* hat seinen Zustand der Verdunkelung des Geistes in den erleuchteten Zustand des unbegrenzten, überweltlichen Geistes verwandelt.

Er ist gestorben und wieder auferstanden von den Toten. Er ist »der Erwachte, der Erleuchtete«, der zum »klaren Licht der Wirklichkeit« erwacht ist. An ihm erfüllt sich das Wort des Johannesevangeliums:

> Er wird nicht wandeln in Finsternis, sondern wird das Licht des ewigen Lebens haben. (Joh 8,12)

Keine Angst vor dem Tod

Wer übermäßig an seinem irdischen Leben hängt, zeigt damit, dass er noch von seinem kleinen Ich beherrscht wird. Da raum-zeitliches Leben für ihn die einzig greifbare Realität des Seins darstellt, klebt er am äußerlichen Ich fest, das auf dieser Stufe noch mit dem eigenen Leben gleichgesetzt wird. Diese Anklammerung ist die Ursache für die Angst vor dem Tod. Wie wir bereits im zweiten Kapitel erfahren haben, hat die Angst vor dem Tod ihre Wurzeln in der Illusion eines sterblichen Ichs, das sich mit aller Macht an die den Persönlichkeitswahn bildenden, einzelnen Bestandteile, die *Skandhas*, festklammert. Wer jedoch in der Erleuchtungserfahrung sein unsterbliches Selbst und somit die Unwirklichkeit jenes anklammernden, sterblichen Ichs erfahren hat, haftet nicht mehr am Leben, noch fürchtet er den Tod. Er hat einen geistigen Stand »jenseits von Leben und Tod« erreicht.

Deshalb ruft uns der japanische Zen-Meister Uesugi Kenshin (16. Jh.) zu:

> Die am Leben haften, werden sterben, und die den Tod annehmen, werden leben. Auf das Innere kommt es an. Schaut hinein in das Innere, haltet es fest, und ihr werdet erfahren, dass in euch etwas lebt, das jenseits von Geburt und Tod besteht und weder im Wasser ertrinken noch im Feuer verbrennen kann. Ich selbst habe die Erkenntnis dieses *Samadhi* gewonnen und weiß also, was ich euch sage.[40]

Solch eine entschlossene Ausrichtung auf den Tod erzog die Zen-Schüler zu einer Geisteshaltung von absoluter Konsequenz. Das Zen der alten Meister war eine Sache auf Leben und Tod, und die Begegnungen zwischen Meister und Schüler waren stets, wie die folgende, von großem Ernst getragen:

> Einst lag Zen-Meister Ma-tsu (8. Jh.) auf dem Feldweg und streckte alle viere von sich. Da kam ein Mönch mit einer Schubkarre und bat ihn, seine Beine einzuziehen, damit er vorbeifahren könne. »Was liegt, soll man liegen lassen«, sagte Ma-tsu. »Und was rollt, soll man rollen lassen«, antwortete der Mönch und fuhr dem Meister mit der Schubkarre über die Beine. Als am Abend alle in der großen Halle versammelt waren, ergriff Ma-tsu eine riesige Axt und brüllte: »Wer mir heute Mittag über die Beine gefahren ist, möge vortreten!« Ohne zu zögern, trat der Mönch vor und hielt ihm sein Genick hin. Ma-tsu nickte beifällig und legte die Axt beiseite.[41]

Die große Selbstsicherheit und Furchtlosigkeit, die der Mönch durch seine Zen-Schulung erlangt hatte, zeigten Ma-tsu, dass sein Schüler sich in einer Geistesverfassung jenseits von Leben und Tod befand. Diese in der Zen-Praxis verwirklichte Geisteskraft kann unter Umständen als eine solch unüberwindliche Macht in Erscheinung treten, dass ihr mit keinem Mittel beizukommen ist. Ein besonders anschauliches Beispiel hierzu ist folgende japanische Geschichte:

Ein junger Zen-Mönch ging in die Stadt mit dem Auftrag, einen wichtigen Brief seines Meisters eigenhändig dem Empfänger zu übergeben. Er kam an die Stadtgrenze und musste eine Brücke überqueren, um hineinzugelangen. Auf dieser hielt sich ein im Schwertkampf erfahrener Samurai auf, der, um seine Stärke und Unüberwindbarkeit zu beweisen, geschworen hatte, die ersten dreißig Männer, die die Brücke überquerten, zum Zweikampf herauszufordern. Er hatte schon neunundzwanzig getötet. Der Mönch flehte ihn an, er möge ihn durchlassen, weil der Brief, den er bei sich trug, von großer Wichtigkeit war: »Ich verspreche Euch wiederzukommen, um mit Euch zu kämpfen, wenn ich meinen Auftrag erfüllt habe.« Der Samurai wusste, dass ein Zen-Mönch stets sein Wort hält, und so willigte er ein, und der junge Mönch ging seinen Brief überbringen.

In der Gewissheit verloren zu sein, suchte er, bevor er zurückkehrte, seinen Meister auf, um sich von ihm zu verabschieden. »Ich muss mit einem großen Samurai kämpfen«, sagte er, »er ist ein Schwertmeister, und ich habe in meinem Leben noch keine Waffe angerührt. Er wird mich töten.«

»In der Tat wirst du sterben«, antwortete ihm der Meister, »denn es gibt für dich keine Siegeschance. Also brauchst du auch keine Angst vor dem Tod zu haben. Doch ich werde dich die beste Art zu sterben lehren: Du hebst dein Schwert über den Kopf, hältst die Augen geschlossen und wartest. Wenn du auf dem Scheitel etwas Kaltes spürst, so ist das der Tod. Das ist alles.« Der junge Mönch verneigte sich vor seinem Meister und begab sich zu der Brücke, wo ihn der Samurai schon erwartete. Dieser dankte ihm dafür, dass er sein Wort gehalten hatte, und forderte ihn auf, sich zum Kampf bereitzumachen. Der Kampf begann. Der Mönch tat, wie ihm der Meister empfohlen hatte. Er nahm sein Schwert in beide Hände, hob es über den Kopf und wartete, ohne sich zu bewegen.

Diese Stellung überraschte den Samurai, da die Haltung seines Gegners weder Angst noch Unsicherheit widerspiegelte. Misstrauisch geworden, näherte er sich ihm vorsichtig. Der junge Mönch war völlig ruhig, allein auf seinen Scheitel konzentriert. Der Samurai sprach zu sich: »Dieser Mann ist sicher sehr stark, er hatte den Mut zurückzukehren, um mit mir zu kämpfen, das ist bestimmt kein Anfänger.«

Der Mönch, noch immer vertieft, kümmerte sich überhaupt nicht um das Hin- und Herlaufen seines Gegners. Dieser bekam langsam Angst: »Das ist ohne Zweifel ein ganz großer Krieger«, dachte er, »denn nur die großen Meister der Schwertkunst nehmen von Anfang an eine Angriffsstellung ein. Und dieser schließt sogar noch seine Augen!«

Der junge Mönch wartete noch immer auf den Moment, in dem er die besagte Kälte auf dem Scheitel spüren würde. Währenddessen war der Samurai völlig ratlos, er wagte nicht anzugreifen, in der Gewissheit, bei der geringsten Bewegung seinerseits, zweigeteilt zu werden. Der Mönch wiederum hatte den Samurai völlig vergessen, aufmerksam darauf bedacht, die Ratschläge seines Meisters gut auszuführen und würdig zu sterben. Doch er wurde wieder in die Wirklichkeit zurückgeholt durch das Weinen und Klagen des Samurais:

»Tötet mich nicht, habt bitte Mitleid mit mir! Ich dachte, ein Meister der Schwertkunst zu sein, aber ich habe in meinem ganzen Leben noch nie einen so großen Meister wie Euch getroffen. Ich bitte Euch, nehmt mich als Euren Schüler an, lehrt mich den wahren Weg der Schwertkunst.«[42]

Eine nur auf technischer Geschicklichkeit beruhende Schwertkunst entspricht nicht dem Geist des Zen und muss kläglich versagen, sobald sie mit einer jenseits von Leben und Tod stehenden Geisteskraft konfrontiert wird. Denn ein wahrer Schwertmeister ist nicht, wer andere im Kampf besiegt, sondern nur derjenige, der sich »selbst« besiegt hat. Hierzu folgende Begebenheit:

Der japanische Schwertmeister Tajima Nokami begegnete einst einem alten Mann, dessen ungeheure Ausstrahlung ihn auf der Stelle erkennen ließ, dass er einen großen Schwertmeister vor sich hatte. Er sprach den alten Mann an und fragte ihn, welche Form der Schwertkunst er ausübe. Auf die Antwort des alten Mannes, er verstehe absolut nichts von dieser Kunst, entgegnete Tajima Nokami, er sehe ganz deutlich, sein Gegenüber sei ein großer Schwertmeister; er möge ihn also bitte nicht verspotten. Der alte Mann erklärte daraufhin, er habe schon früh begonnen, sich im Zen zu üben, und nun einen Zustand jenseits von Leben und Tod erlangt. »Genau das ist es!«, rief der Meister, »das Geheimnis der Schwertkunst liegt gerade darin, vom Gedanken an den Tod befreit zu sein.« Und so erklärte er auf der Stelle den alten Mann zum Schwertmeister.[43]

Erst wenn das zwischen Leben und Tod unterscheidende Bewusstsein weggefallen ist, hat man jenen Bewusstseinszustand erreicht, durch den man zur Unüberwindbarkeit gelangt. Solange man den Tod fürchtet, weil man an der Illusion eines selbständigen, für sich bestehenden, anhaftenden Ichs festhält, ist man noch zu stark auf das eigene Überleben konzentriert, um einen Kampf gewinnen zu können.

Wer aber jenseits aller Gedanken an Leben und Tod steht, ist jedem anderen, der diese Stufe noch nicht erreicht hat, weit überlegen, weil er sich voll und ganz mit ungeteilter Aufmerksamkeit dem widmen kann, was er gerade tut. Kein Gedanke an ein Siegen oder Verlieren, an Gewinn oder Verlust lenkt ihn ab. Zwischen ihm und seinem Handeln existiert nichts, was das spontane Fließen seiner Aktion beeinträchtigen könnte. Seine ganzheitliche Wahrnehmung ist diejenige des »multidimensionalen Bewusstseins«, das durch keinerlei gewollt gelenkte Aufmerksamkeit begrenzt wird. Denn einer bewusst gelenkten Aufmerksamkeit ist es niemals möglich, eine Situation ganz zu erfassen, da sie immer nur einzelne Bruchstücke des Gesamten erfassen kann.

Um zu solch einer ganzheitlichen, multidimensionalen Wahrnehmung des Seins zu gelangen, muss der Mensch in einem »Sterben seines Ichs« durch die Grenzen seines durch Nichterkenntnis begrenzten Bewusstseins hindurchbrechen. Da es aber ein im Gegensatz zu scheinbar vorhandenen anderen Ichs stehendes Einzel-Ich nicht gibt, kann es sich beim Sterben des Ichs nur um den Tod aller den Ichwahn bedingenden Identifikationen und Anhaftungen handeln.

Der Moment des Sterbens

Ohne Erlöschen, das heißt ohne das Sterben des ängstlichen Haftens an der Wahnvorstellung von einem Ich, bleiben wir an den *Samsara*, den Kreislauf von Geburt, Altern, Verzweiflung, Krankheit, Schmerz und Tod, gekettet. Dieser Kreislauf vollzieht sich unter dem unerbittlichen Gesetz des *Karma*, nämlich der Vergeltung aller in dieser Wandelwelt gewirkten Taten.

Karma und Wiedergeburt sind auf das Engste mit dem Ichwahn verknüpft. Denn solange die durch das Nichtwissen um unsere wahre Wesensnatur bedingte »Egozentrierung« besteht, halten wir die Projektionen einer vermeintlich vielheitlichen Welt auf der Oberfläche unseres Bewusstseins für eine Realität. Dadurch begehen wir dann alle möglichen Taten aus Gier, Hass und geistiger Verblendung und verstricken uns so immer mehr in das Rankengewirr unserer identifikationsbedingten Anhaftungen. Hieraus gibt es keine Möglichkeit des Entrinnens, es sei denn durch die im Erlebnis des »Mystischen Todes« vollzogene radikale Auslöschung des Ichwahns.

Wer dieser Erfahrung in diesem Leben nicht teilhaftig wird, aber im rechten Streben nach der Wirklichkeit des göttlichen Seins steht, wird von Inkarnation zu Inkarnation voranschreiten. Und irgendwann, und sei es im Moment seines leiblichen Todes am Ende seiner irdischen Laufbahn, wird sich auch ihm das leuchtende Strahlen des Einen Geistes offenbaren. Von ausschlaggebender Bedeutung ist jedoch immer unsere Geisteshaltung im Augenblick des Todes.

Der Zustand unseres Geistes, in dem wir sterben, und unsere letzten Gedanken vor dem Tod sind letztlich entscheidend für alles, was mit uns im *Bardo* – dem Zwischenzustand zwischen Tod und Wiedergeburt – geschieht, und darüber hinaus auch für die Art der Wiedergeburt.

Sind wir in diesem letzten Moment unserer raumzeitlichen Existenz in einem Bewusstseinszustand voller geistiger Klarheit und innerer Losgelöstheit und Vertrauen auf die Liebe Gottes, dann haben wir unsere Lebenszeit nicht sinnlos vertan. Denn wer auf Gott vertraut und an dessen grenzenlose Liebe glaubt, den wird der Tod in das unaussprechbare und unbegreifliche Geheimnis der göttlichen Liebe und Herrlichkeit hineinführen. Befinden wir uns aber in einem Zustand geistiger Verwirrung, Furcht und Hilflosigkeit, bedingt durch Anhaftung, Abneigung und geistige Verblendung, dann haben wir auf unserem geistigen Weg nichts verwirklicht. Wer in solch einem Zustand des Nichtwissens und der geistigen Verwirrung stirbt, wird von den negativen Neigungen seines Bewusstseins hilflos hinweggerissen.

Der Mangel an Einsicht über die selbst verursachten psychischen Vorgänge lässt den Menschen leider nicht erkennen, dass die inneren Triebkräfte, Emotionen und verdrängten Ängste sich eines Tages aus dem Unbewussten gegen ihn selbst erheben können. Nur eine Steigerung von geistigem Gewahrsein und das Durchschauen der trügerischen Natur des Ego – und vor allem eine geistige Verfassung des Vertrauens und der vollkommenen Hingabe an das Göttliche – kann die unbewussten und geistig unheilsamen Prozesse zum Erlöschen bringen und den Vorgang des Sterbens in einen »Akt der Befreiung« verwandeln. Wenn wir uns in unserer letzten Stunde ganz in Gottes Hände legen, so wie Jesus Christus am Kreuz, als er sprach: »Vater, ich lege meinen Geist in deine Hände« (Lk 23,46), dann wird mitten aus der Finsternis des Todes das göttliche Licht geheimnisvoll und wunderbar über uns aufgehen und uns aufnehmen. Wir werden versinken in das weiselose Licht Gottes. Wir werden verwandelt werden in die Herrlichkeit des göttlichen Seins.

Die größte Angst des Menschen ist jedoch die Angst vor dem Erlöschen. Er fürchtet im Todesmoment zu einem Nichts zu werden. Die meisten Menschen glauben, ihr gesamtes Sein umfasse eine einzige Lebensspanne, die im Moment der Geburt beginnt und zum Zeitpunkt des Todes abgelaufen sei. Dieser Glaube beruht auf der falschen Vorstellung, aus dem Nichts geboren worden zu sein und im Sterben wieder zu nichts zu werden. In seiner Angst vor seiner unausweichlichen Auslöschung meidet der Mensch so alles, was ihn an den Tod erinnern könnte.

Auf was es zuletzt ankommt, ist das rückhaltlose Vertrauen auf Gott. Es ist ein Vertrauen darauf, dass sich uns im Tod ein unendlicher Horizont öffnen wird, dass wir nicht in ein Nichts, sondern in die Herrlichkeit des göttlichen Seins hineinsterben werden; und dass Gottes Geheimnis für die, die sich ihm ganz hingeben und überantworten, Offenbarungen bereithält, die wir uns nicht vorzustellen vermögen. »Kein Auge hat es gesehen, kein Ohr hat es gehört, in keines Menschen

Herz ist es gedrungen, was Gott denen bereitet hat, die ihn lieben« (1. Kor 2,9). Welch eine wundervolle Verheißung! Sie entlässt uns aus der engen Begrenzung unseres sinnlichen Wahrnehmungsvermögens und unserer Vorstellungskraft in die unbegrenzte Weite der Ewigkeit Gottes. Die ganze Angst vor dem Sterben ist vollkommen unnötig, denn Gott – neben dem nichts anderes existiert – ist somit auch das Sterben. Was interessiert es mich, wenn meine Lebenswelle im Meer versinkt, wenn Gott das Meer ist. Wenn ich sterbe, ist es Gott selbst, der sich im Sterbeprozess in eine neue Seinsweise verwandelt.

Es liegt ganz an uns selbst, ob wir im Transformationsprozess zur großen Befreiung genügend vorbereitet sind, um den Vorgang des Sterbens in einen Akt der Befreiung zu verwandeln, oder ob wir, wenn wir nicht genügend vorbereitet sind, von den zur Zeit des Todes aufkommenden unerwünschten Neigungen beherrscht werden, die dann zu machtvoll sind, um kontrolliert werden zu können. Der deutsche Mystiker Jakob Böhme (17. Jh.) beschreibt die Situation mit stark an die Lehren des tibetischen Totenbuches erinnernden Worten:

> Es ist dir nichts näher als Paradies und Hölle – zu welchem du geneigt bist und hinwirbst, dem bist du in dieser Zeit am nächsten. Du stehst in beiden Türen und hast beide Geburten in dir.[44]

In was wir begehren, werden wir verwandelt, dies ist das karmische Gesetz von Ursache und Wirkung. In der *Bhagavadgita* sagt deshalb Gott *Krishna*:

> Und wer auch immer, nur meiner gedenkend, in der Stunde des Todes seinen Körper aufgibt und hinscheidet, der gelangt in meinen Wesensstand. Darüber gibt es keinen Zweifel. An welchen Seinszustand er auch denken mag, wenn er am Ende seinen Körper aufgibt, dieses Sein erlangt er, wenn er ständig in Gedanken darin versunken ist.[45]

Wir werden das, worauf unsere Aufmerksamkeit während der letzten Augenblicke gerichtet ist. Die längst vergangenen Gedanken unserer früheren Existenz haben unsere gegenwärtige Geburt bestimmt, und die Gedanken unserer gegenwärtigen Existenz werden unsere zukünftige bestimmen.

Doch jenseits aller Gedanken leuchtet mit unverminderter Klarheit das »strahlende Licht des Einen Geistes«, und nichts, was es auch sei, vermag seinen unendlichen Glanz zu vermindern. Deshalb heißt es in einem alten tibetischen Text, dem »*Mahamudra*-Gesang« des Tilopa (11. Jh.):

> Die Wolken, die über den Himmel wandern, wurzeln nirgends, haben keine Bleibe; und ebenso wenig die unterscheidenden Gedanken, die über den Geist hinwegziehen. Im Weltraum entstehen Formen und Farben, aber der Raum selbst ist weder schwarz noch weiß.
>
> Aus dem Geist entstehen alle Dinge, aber der Geist selbst bleibt von Tugenden und Lastern unbefleckt. Die Finsternisse der Jahrtausende vermögen die strahlende Sonne nicht zu verdunkeln;

> endlose Äonen des *Samsara* vermögen nicht zu vermindern das strahlende Licht des Geistes.[46]

Dieses ewig strahlende Licht des Einen Geistes ist unser ursprüngliches Angesicht vor unserer Geburt. Es ist unser eigentliches, unsterbliches Selbst. Es ist losgelöst von den verschiedenen Erscheinungsweisen eines raum-zeitlich gebundenen Daseins und seinen mannigfaltigen Existenzformen in höheren und niederen Regionen. Das unwissende, herumirrende Ego ist aber nicht mehr als sein Schatten, der im Augenblick der Erleuchtung, wenn die Herrlichkeit des göttlichen Selbst aufstrahlt, verschwindet.

5
Sehnsucht nach direkter Gotteserfahrung

Gotteserfahrung nicht erst im Jenseits

Christentum und Mystik scheinen Gegensätze zu sein, wie man sie sich wohl kaum größer vorstellen kann. Denn die christliche Religion lehrt Gott in einer unerreichbaren Jenseitigkeit, und dieser Transzendenz Gottes wird der Mensch in seiner erdgebundenen Diesseitigkeit gegenübergestellt. Nach Auffassung der christlichen Theologie ist es dem Menschen in diesem Leben nicht möglich, zu einer unmittelbaren Erkenntnis Gottes zu gelangen. »Die beseligende Anschauung Gottes« (*visio beatifica*) kann nach ihrer Ansicht erst nach dem Tode stattfinden.

Es ist aber eine Tatsache, dass der Mensch, in seiner Sehnsucht nach dem Göttlichen, nicht nach einer äußeren Glaubenslehre in Form eines kirchlichen Dogmas sucht, sondern nach der Wahrheit, die er selbst erfahren kann. Die Berufung auf den Glauben und auf ein religiöses Bekenntnis kann dem nach wirklicher Seinserfahrung Verlangenden nicht ausreichen. Er sehnt sich vielmehr nach religiöser Eigenerfahrung, nach dem Berührt- und Ergriffenwerden vom Göttlichen.

Im Gegensatz zur dogmatischen, die Gottesschau ablehnenden Geisteshaltung christlicher Theologie stehen die Aussagen der Erleuchteten aller Zeiten und Zonen. Symeon der Jüngere (11. Jh.), einer der bedeutendsten christlichen Mystiker, möge als einer für viele sprechen:

> Jene lügen, die da sagen, es gäbe keinen Menschen heute, der da wisse, er habe Gott geschaut, und keinen habe es bisher gegeben außer den Aposteln. Und auch jene, sagen sie, hätten Gott nicht klar geschaut, und sie lehren, dass er von keinem zu erkennen und zu erschauen sei.[47]

Von einer in der Geschichte der christlichen Theologie immer wieder zu beobachtenden Leugnung der Möglichkeit einer unmittelbaren Gotteserkenntnis kann also bei den Mystikern keine Rede sein. Der nach der Wirklichkeit des Seins Suchende muss nach direkter Gotteserfahrung streben, um zu immer neuen und höheren Dimensionen der Wahrheit zu gelangen.

Die christliche Theologie kündet von dieser Wahrheit als einer jenseitigen Erfahrung. Die zur Essenz, das heißt zur gemeinsamen Quelle aller Religion erwachten Mystiker haben jedoch erfahren, dass diese letzte Wirklichkeit alles andere als ein Jenseits ist. Die allen unseren Erfahrungen zugrunde liegende Wirklichkeit des göttlichen Seins ist kein für die menschliche Erfahrung unzugänglicher Bereich oder eine zukünftige Himmelswelt, sondern das in allen Wesen stets anwesende göttliche Selbst. Dieses göttliche Selbst ist gemeint, wenn Paulus sagt: »Nicht mehr ich lebe, sondern

Christus lebt in mir« (Gal 2,20). Zu diesem Ausspruch des Apostels Paulus nimmt Origenes (4. Jh.), einer der Altväter christlicher Mystik, in seinem Kommentar zum Lukasevangelium Bezug:

> Denn was nützt es dir, dass Christus einstens im Fleisch kam, wenn er nicht auch in deine Seele kommt? Beten wir, dass seine Ankunft sich täglich in uns vollziehe, so dass wir sagen können: »Nicht mehr ich lebe, sondern Christus lebt in mir!« Und wenn Christus in Paulus lebte und nicht in mir, was nützte mir das![48]

Leerwerden zur Fülle des göttlichen Seins

Die Erfahrung unseres wahren göttlichen Seins wird uns nur zuteil, wenn wir bereit sind, uns von allen Überdeckungen des Geistes zu befreien, indem wir alle eingefahrenen Verhaltensmuster und Denkmodelle, das heißt uns »selbst« loslassen. Denn erst wenn wir uns selbst losgelassen haben, wird sich uns der Frieden und die »Fülle des göttlichen Seins« in der Geisteshaltung der »inneren Losgelöstheit« schenken. Dann erst gelangen wir zu jener Abgeschiedenheit, die weit mehr als nur eine äußere Loslösung darstellt, da sie eine innere Wandlung und »Reinheit des Herzens« bewirkt. Meister Eckhart gibt uns folgenden Rat:

> Er soll zuerst sich selbst lassen, dann hat er alles gelassen. Fürwahr, ließe ein Mensch ein Königreich

oder die ganze Welt, behielte aber sich selbst, so hätte er nichts gelassen. Lässt er aber von sich selbst ab, was er dann behält, sei's Reichtum oder Ehre oder was immer, so hat er alles gelassen. Zu dem Worte, das Sankt Petrus sprach: »Sieh, Herr, wir haben alle Dinge gelassen« (Mt 19,27) – und er hat doch nichts weiter gelassen als nur ein Netz und sein Schifflein –, dazu sagt ein Heiliger (Sankt Hieronymus): »Wer das Kleine willig lässt, der lässt nicht nur dies, sondern er lässt alles, was weltliche Leute gewinnen, ja selbst was sie begehren können.«

Denn wer seinen Willen und sich selbst lässt, der hat alle Dinge so wirklich gelassen, als wenn sie sein Eigentum gewesen wären und er sie besessen hätte mit voller Verfügungsgewalt. Denn was du nicht begehren willst, das hast du alles hingegeben und gelassen um Gottes willen. Darum sprach unser Herr: »Wer mir nachfolgen will, der verleugne sich selbst!« (Mt 16,24); daran ist alles gelegen. Richte dein Augenmerk auf dich selbst, und wo du dich findest, da lass dich, das ist das Allerbeste.[49]

So führt dieses »sich selbst Lassen« den Menschen vom abgrenzenden, anhaftenden Egobewusstsein zur ursprünglichen Identität im wahren Wesen – von einem egoistischen Habenwollen zum wahren Zustand des unbegrenzten überraum-zeitlichen Seins. Indem der Mensch frei wird von sich selbst, wird er zugleich voll von der Überfülle des göttlichen Seins.

Der japanische Zen-Meister Dogen Zenji (13. Jh.) sagt:

> Das Selbst wahrlich zu verstehen, bedeutet, sich selbst zu vergessen; sich selbst vergessen bedeutet: Erleuchtung.[50]

Der Ichwahn ist, wie wir bereits erfahren haben, die Quelle allen Übels. Die großen Meister aller Religionen haben immer wieder darauf hingewiesen, dass wir einfach und unwissend werden müssen, weil die spirituelle Wahrheit nur von solch reinen Herzen geschaut werden kann. Deshalb hören wir Jesus in der Bergpredigt sagen:

> Selig sind, die reinen Herzens sind, denn sie werden Gott schauen. (Mt 5,8)

Grundvoraussetzung zur Verwirklichung solch einer Reinheit des Herzens ist jedoch ein inneres Freiwerden von allen unseren konditionierten Anhaftungen. Dies bedeutet aber letztlich nichts weniger als ein wirkliches Loslassen ohne die geringste Rückversicherung. Dies meint auch Zen-Meister Ta-hui (12. Jh.), wenn er sagt:

> Grad jetzt, nimm einfach den irreführenden, denkenden Verstand, den unterscheidenden und beurteilenden Geist, den Geist, der das Leben liebt und den Tod nicht gern hat, den Geist des Wissens und Meinens und des intellektuellen Verstehens, den Geist, der sich nach Ruhe sehnt und die Unruhe verabscheut, nimm das alles und lasse es unverzüglich los![51]

Solch ein vollkommenes Loslassen bedeutet ein Freiwerden von allen Identifikationen, Anhaftungen, Begierden und Besitzansprüchen, sowie auch von allen lieb gewonnenen Vorstellungen, die wir uns im Laufe der Jahre von der letzten Realität gemacht haben. Denn jede Vorstellung, die wir uns von der unvorstellbaren göttlichen Wirklichkeit machen, ist nur ein leerer Gedanke.

Das Wirken der göttlichen Gnade

Vollkommenes Loslassen bedeutet im Zen wie auch in der christlichen Mystik eine Loslösung von sämtlichen Gedanken – ohne sie gewaltsam zu unterdrücken oder anhalten zu wollen. Im Zen spricht man häufig von »Ohne-Denken-Sein« oder »Freisein von Gedanken« oder »Nicht-Gedankenhaftigkeit« (chin. *wu-nien*). Die Absicht ist, das unbewusste Wirken des Geistes zum Ausdruck zu bringen. Dies darf aber auf keinen Fall psychologisch interpretiert werden, sondern es geschieht auf einer spirituellen Ebene, wo keine Spuren des begrifflichen, analytischen Denkens mehr vorhanden sind. Es ist jene Ebene, auf der sich alle menschliche Aktivität zugunsten des göttlichen Wirkens zurücknimmt. Genau dies meint Meister Eckhart, wenn er sagt: »Gott wirkt, und ich werde.«

Dieses Wirken kann aber nicht durch irgendwelche Meditationstechniken erzwungen werden. Die mystische Erfahrung des Berührt- und Erfülltseins vom Göttlichen ist stets außerhalb der Verfügungsgewalt des Menschen und nicht beliebig machbar. Wer glaubt, er müsse nur bestimmte meditative Methoden anwenden, mit denen er dann ganz automatisch ans Ziel seines geistigen Strebens gelangt, unterliegt einem gewaltigen Trugschluss. Die großen Mystiker, als die Kenner des geistigen Weges, haben stets auf diesen Irrtum eines »spirituellen Materialismus« hingewiesen.

Die innere Begegnung mit dem Göttlichen bleibt immer ein Geschenk und geschieht allein aus »Gnade«. Alle heiligen Schriften enthalten den Begriff der Gnade und verkünden, dass Erleuchtung und Erlösung nur durch Gnade erreichbar ist. So lesen wir auch in den *Upanishaden*:

> Nur wen Er erwählt, von dem wird Er erkannt;
> Ihm macht der *Atman* offenbar sein Wesen.[52]

Mit den Worten von Jesus Christus:

> Nicht ihr habt mich erwählt, sondern ich habe euch erwählt. (Joh 15,16)

Auch im Zen-Buddhismus fehlt dieser Gedanke der Gnade als »Befreiung aus fremder Kraft« (*tariki*) keineswegs. Ihr Wirken zieht sich durch die ganze Praxis hindurch und hat ihren Höhepunkt im Erlebnisvorgang der Erleuchtung. Die lichtvolle Erleuchtungserfahrung wird von dem Zen-Übenden als gnadenhaftes Geschenk erfahren, das seine große innere Not wendet. Erlebnisberichte von Erleuchtungserfahrungen schildern oft, dass der Zen-Übende überglücklich über das ihm Widerfahrene vor dem Buddha-Altar Weihrauch anzündet, als Zeichen seiner tiefen dankbaren Verehrung. Wir können und sollen uns zwar vorbereiten, indem wir alles loslassen und innerlich leer werden als Voraussetzung zum Erfülltwerden von Gott. Letzteres können wir aber nicht von uns aus bestimmen. Dies bezeugen uns auch die Worte des flämischen Mystikers Jan van Ruysbroeck (14. Jh.):

> Der Liebende, der gerecht und innerlich ist, den will Gott aus freien Stücken erwählen und erhöhen zu einem überwesentlichen Schauen im göttlichen Lichte. Mit Kenntnissen und Scharfsinn oder mit irgendwelchen Andachtsübungen kann dazu aber niemand gelangen; sondern wen Gott in seinem Geiste vereinigen und durch sich selbst erleuchten will, der kann Gott schauen und sonst keiner.[53]

In der *Bhagavadgita*, der heiligen Schrift der Inder, spricht Gott *Krishna*:

> Von Liebe zu mir erfüllt, verehren mich die Verständigen. Diesen stets Ergebenen, mich mit Liebe Verehrenden, verleihe ich diejenige Ergebung des Herzens, durch welche sie zu mir gelangen. Bei diesen allein vernichte ich, um meiner Gnade willen, die aus der Unwissenheit entstandene Finsternis mit der flammenden Leuchte der Erkenntnis.[54]

Manch einer mag sich jetzt vielleicht fragen: »Ist Gott parteiisch, dass er dem einen seine Gnade schenkt und einen anderen davon ausschließt? Wie kann das ein gerechter Gott sein? Und überhaupt, wozu sollte ich mich noch anstrengen auf dem spirituellen Weg, wenn sowieso alles nur von der Willkür der göttlichen Gnade abhängt?«

Die meisten Menschen stellen sich, wenn sie an Gottes Gnade denken, ein persönliches Wesen mit menschlichen Eigenschaften vor. Andere, die an eine unpersönliche letzte Wirklichkeit glauben, werden sich fragen, wie – in der Sprache des Buddhismus – die unpersönliche Leere Gnade spenden könne. Denn viele stellen sich die attributlose letzte Wirklichkeit wie eine leblose Abstraktion, wie einen schöpferischen Mechanismus, ähnlich einem Automaten vor.

In Wirklichkeit ist der göttliche Allgeist jedoch absolutes Bewusstsein, er ist das absolute Sein – jenseits von persönlich und unpersönlich. Da er frei ist von den Begrenzungen von Raum und Zeit, lässt er sich durch kein raum-zeitliches, begrenztes menschliches Bewusstsein erfassen. Im Vertrauen auf unser beschränktes, raumzeitlich gebundenes Bewusstsein liegt aber auch der Grund, dass die göttliche Gnade nicht in uns wirken kann. Diese Aufrechterhaltung des Ichwahns hindert uns am Leerwerden zur Fülle des göttlichen Seins hin, und somit verhindert sie das Wirken der göttlichen Gnade.

Je mehr der Mensch bereit ist, sich dem Absoluten hinzugeben, umso mehr wird ihm die Gnade als das »Wirken des göttlichen Seins« zuteil werden. Und je mehr sie in ihm wirkt, umso mehr wird er zu immer größerer und stärkerer Hingabe fähig. Hingabe an das Ewige ist aber ein sich Öffnen und »Transparentwerden zur Transzendenz«. Es ist ein Loslassen und Leerwerden als ein Zulassen und somit Erfülltwerden von etwas ganz anderem. Wer aus Liebe zum Ewigen das kleine, zeitliche Leben loslässt, der lässt damit zugleich das große, überraum-zeitliche Leben zu, das auf ihn wartet. Die Gegenwart dessen, der in unserem Allerinnersten verborgen anwesend ist, wird dann zur lebendigen, inneren Erfahrung. Diese kann uns aber nur in dem Maße geschehen, wie wir dafür empfänglich und bereit sind, uns selbst und alle Dinge loszulassen. Hierzu sagt der christliche Mystiker und Schüler Meister Eckharts, Johannes Tauler (14. Jh.):

> Im inneren Grund des Menschen hat Gott den Ort seiner Ruhe erwählt; da findet er seine Freude. Wenn einer das täte, den Grund von innen wahrnehmen, und alle Dinge lassen und sich in den Grund kehren! – Doch das tut niemand. Und dabei geschieht es oft, dass ein Mensch in seiner äußeren Tätigkeit zehnmal gemahnt wird, sich nach innen zu kehren. – Doch er tut es noch immer nicht.[55]

Allein in der radikalen Hinwendung nach innen, in einem »Hineinsterben in Gott«, wobei die Seele in Gott versinkt, werden wir unsere göttliche Wesensnatur erfahren. Denn erst, wenn wir durch die Taufe des mystischen Todes erneuert werden, erwachen wir zu unserem wahren Wesen. Nur der wird die Fülle des göttlichen Lebens erfahren, der bereit ist, das eigene Leben hinzugeben. Das ist auch eines der großen Leitmotive des »Integralen Yoga« bei Sri Aurobindo:

> Wirkliche, völlige und restlose Selbsthingabe, erbarmungsloses Auslöschen des Ego, aus dem ganzen Leben einen Altar des Opfers machen, das bringt die große Bewegung der göttlichen Freude hervor.[56]

Diese Ernsthaftigkeit des geistigen Weges entspricht dem Ernst wirklicher Meditation. Wahre Meditation ist eine Sache auf Leben und Tod. Dabei geht es um den vollen Einsatz des Lebens, also um ein Sterben. Sterben ist ein Wort, das man in der *Dharma*-Halle eines Zen-Klosters nicht selten als Ansporn hören kann:

»Hier wird nicht geschlafen – hier wird gestorben!« rief mein Meister Soji Enku manchmal während der gemeinsamen Meditation seinen Schülern zu. Es geht letztlich darum, alles auf eine Karte zu setzen und sich in den bodenlosen Abgrund des »göttlichen Nichts« zu stürzen. »Wer sich nicht von allem, ja selbst von seinem eigenen Leben lossagt, der kann nicht mein Jünger sein!« (Lk 14,26) lesen wir in den Evangelien. Erst wenn wir bereit sind, alles weit hinter uns zu lassen, was die Sinne und der Verstand zu erfassen vermögen, wird sich uns die Wirklichkeit jenseits alles Wandelbaren und Nennbaren offenbaren.

Solange wir zu diesem entscheidenden Schritt nicht bereit sind, bleiben wir an unsere Wahnvorstellung einer stabilen und heilen Welt gebunden. Dieser Zustand dauert so lange an, bis die schmerzliche Erfahrung von Leid oder Enttäuschung endlich ihren Zweck erreicht und in uns das Verlangen nach Befreiung wach wird. Dies ist der Augenblick, wo wir erkennen, dass wir uns an einem

Trugbild festgeklammert haben – wir können uns mit unserem Leben nicht mehr zufrieden geben. Wir müssen den rettenden Weg zur Befreiung gehen. Und dies heißt in letzter Konsequenz: »Stirb und werde!« Denn:

> Wer sein Leben festhält, wird es verlieren; wer aber sein Leben hingibt um meinetwillen, der wird es bewahren bis ins ewige Leben. (Joh 12,25)

Das Loslassen aller Gottesvorstellungen

Wir müssen uns entscheiden, ob wir uns mit einem bloß gedachten Gott zufrieden geben wollen oder ob es uns darum geht, in die direkte, unmittelbare Erfahrung des göttlichen Seins einzutreten. Denn erst in dem Augenblick, in dem wir allen unseren verstandesmäßigen Vorstellungen von Gott, Ich und Welt ein Ende setzen, wird uns das Licht der Wahrheit im Herzen aufgehen. Hierzu sagt Meister Eckhart:

> Der Mensch soll sich nicht genügen lassen an einem gedachten Gott; denn wenn der Gedanke vergeht, so vergeht auch der Gott. Man soll vielmehr einen wesenhaften Gott haben, der weit erhaben ist über die Gedanken des Menschen und aller Kreatur.[57]

Erst wenn es uns gelingt, uns von allen lieb gewonnenen Gottesvorstellungen zu befreien, werden wir zu einer vollkommen freien und klaren Sichtweise gelangen können. Denn alles, was irgendein wahrnehmbares Merkmal besitzt, und sei es auch das allerheiligste Symbol, muss uns unweigerlich zum Hindernis werden, wenn wir bei ihm stehen bleiben.

Mit welcher Konsequenz diese Regel, sich von allen Gottesvorstellungen zu befreien, im Zen befolgt wurde, hat der chinesische Zen-Meister Lin-chi (9. Jh.) in folgenden Worten zum Ausdruck gebracht:

> Räume jedes Hindernis aus dem Weg. Wenn dir der Buddha begegnet, dann töte den Buddha! Nur so wirst du die Erlösung erlangen, nur so den Ketten entfliehen und frei werden.[58]

Diese Worte eines der kraftvollsten Zen-Meister in der Geschichte des Zen klingen in den Ohren vieler wie Blasphemie, es ist so als ob man einem gläubigen Christen allen Ernstes raten würde: Wenn dir Jesus Christus begegnet, dann töte ihn. Doch dürfen wir dabei nicht vergessen, dass die alten Zen-Meister im wahrsten Sinne des Wortes tief religiöse Menschen waren. Wozu uns Lin-chi mit seinen kraftvollen Worten auffordern will, ist nichts anderes, als dass wir uns auf keine, wie auch immer geartete bildhafte oder gedankliche Vorstellung in Bezug auf das Absolute einlassen dürfen. Im Johannesevangelium sagt Jesus in seiner Abschiedsrede zu seinen Jüngern:

> Es ist gut für euch, dass ich weggehe. Denn wenn ich nicht weggehe, wird der Helfer (der Heilige Geist) nicht zu euch kommen. (Joh 16,7)

Meister Eckhart gibt hierzu folgenden Kommentar:

> Es ist gleichsam so, als wollte Jesus sagen: »Ihr habt zuviel Wohlgefallen an meiner gegenwärtigen Erscheinung gefunden, deshalb kann euch die vollkommene Freude des Heiligen Geistes nicht zuteil werden.« Darum scheidet ab die bildhafte Erscheinung, und vereinigt euch mit dem formlosen Sein, denn Gottes geistiger Trost ist feingeartet; darum will er sich niemandem darbieten als dem, der leiblichen Trost verschmäht.[59]

Augustinus kommentiert die Stelle im Johannesevangelium so:

> Hätte Jesus Christus sein Menschsein nicht unseren leiblichen Augen entzogen, würden sich unsere geistigen Augen nicht voll Liebe auf seine Gottheit richten.[60]

Das Loslassen aller lieb gewonnenen Gottesvorstellungen und religiösen Ideen bleibt immer die unbedingte Voraussetzung für echtes mystisches Erleben. Als Maria Magdalena am Grab dem auferstandenen Jesus begegnet, spricht er zu ihr: »Halte mich nicht fest« (Joh 20,17). Er will damit sagen, halte dich nicht an meiner äußeren Erscheinung fest. Jedoch zeigt die Erfahrung, dass das Loslassen persönlicher Gottesbilder und religiöser Symbole gerade denen am schwersten fällt, deren Persönlichkeitsstruktur die stärkste Egozentriertheit aufweist. Sie haben Angst, alles zu verlieren, und so klammern sie sich mit aller Macht an ihrem kleinen, sterblichen Ich mit seinen ganzen Konzepten fest. Geht man der Sache auf den Grund, so wird man erkennen, dass es den meisten letztlich gar nicht um eine lebendige Erfahrung des göttlichen Seins geht, sondern eher um eine Aufrechterhaltung von lieb gewonnenen Gottesvorstellungen und schwelgenden religiösen Gefühlen. Dass diese falsche Einstellung unweigerlich zu Enttäuschung und Unzufriedenheit führt, beschreibt Meister Eckhart sehr treffend:

> Die nach etwas anderem begehren als nach Gott selbst, sind stets in Jammer und Unfrieden. Sie fühlen sich von Gott und der Welt nicht verstanden, sie meinen, man tue ihnen immer wieder Unrecht, und so sind sie immerzu im Leid. Sie verkaufen Gott geradezu, wie Judas ihn verkaufte, denn sie lieben Gott um irgendetwas anderen willen, was Gott nicht ist.[61]

Wahre Mystik hat aber nichts zu tun mit gefühlsbetonter Schwärmerei und schiefköpfiger Heiligkeit, diese gehören in den Bereich des »Mystizismus«, welcher eine Verfälschung der wahren und reinen Mystik darstellt. Deshalb sagt Zen-Meister Huang-po:

> Deine Niederwerfungen sind umsonst. Vertraue nicht solchen Zeremonien. Lass ab von solch falschem Glauben! Entwickle ein Bewusstsein, das an gar nichts hängt.[62]

Und Meister Eckhart fügt hinzu:

> Denn wahrlich, wer da wähnt, in Versunkenheit, Andacht, schmelzenden Gefühlen und sonderlichem Anschmiegen mehr von Gott zu haben als beim Herdfeuer oder im Stalle, der sucht Gott unter bestimmten Formen. Der ergreift wohl diese Form, aber Gott, der in ihr verborgen ist, entgeht ihm. Nur wer Gott unter keinerlei Form sucht, der ergreift ihn, wie er in sich selber ist.[63]

Die Befreiung von religiösen Zeichen und Symbolen

Jede Form der Identifikation und Anhaftung an die Welt der Sinne muss unweigerlich Leiden nach sich ziehen. Wir können uns drehen und wenden wie wir wollen, es gibt keinen anderen Weg als den der Loslösung von allem. »Lass alles los!« heißt es im Zen. Zu welcher Weltanschauung wir uns auch immer bekennen mögen, es bleibt uns letztlich doch nicht erspart, diesen Weg zu gehen und alles hinter uns zu lassen. Der chinesische Zen-Meister Lin-chi sagt:

> Es gibt keine Beständigkeit in der Welt, sie ist wie ein brennendes Haus. An so einem Ort kann man sich nicht lange aufhalten. Der todbringende Dämon der Vergänglichkeit kann augenblicklich da sein und all eure Hoffnungen zunichte machen.[64]

Der Mensch neigt im Allgemeinen dazu, sich etwas vorzumachen und einen Weg der Abkürzung, eine »Trostreligion« zu suchen. Er neigt dazu, an eine heile Welt zu glauben, in welcher ein jedes Ding an seinen richtigen Platz kommt, und an einer Gottesvorstellung festzuhalten, die mit der Wirklichkeit nicht übereinstimmt. Zen-Meister Huang-po sagt deshalb:

> Es existiert nur der Eine Geist und kein Teilchen von irgendetwas anderem, an das man sich klammern könnte. Denn dieser Geist ist Buddha. Wenn ihr Schüler auf dem Weg nicht zu dieser Geistsubstanz erwacht, werdet ihr den Geist mit begrifflichem Denken überlagern, den Buddha außerhalb von euch suchen und gebunden bleiben an Formen, fromme Übungen und anderes, was schädlich und keineswegs der Weg der höchsten Erkenntnis ist.[65]

Das Hängen an äußeren Formen und frommen Übungen ist eine der größten Gefahren auf dem geistigen Weg. Es sind Fesseln, welche uns an Zeichen und Symbole binden, die eigentlich nur »Wegweiser« sein sollten, um uns den Weg nach innen zu weisen. Jedes Symbol weist somit über sich selbst hinaus auf das hin, was jenseits aller Benennung und Darstellbarkeit liegt. Über die religiösen Symbole und Zeichen hinauszugehen, heißt demzufolge nicht, sie selbst abzulehnen, sondern es heißt, das anzustreben, auf das sie hinweisen. Solange wir in dieser Welt leben, benötigen wir diese Dinge. Aber genauso, wie sie uns eine Hilfe sein können,

können sie uns auch zum Verhängnis werden. Dies geschieht dann, wenn wir bei den Zeichen und Symbolen stehen bleiben und sie fälschlicherweise für das halten, was jenseits aller Benennung und aller Begreifbarkeit liegt. Vor dieser Gefahr warnt uns Huang-po:

> Schon der leiseste Wunsch, an diesem oder jenem festzuhalten, schafft gedankliche Symbole, die euch in vielfältige Wiedergeburten zurückführen. Darum sei eure symbolische Vorstellung die der Leere; dann wird sich euch die wortlose Lehre des Zen offenbaren. Wisset, dass ihr euch nur dazu entscheiden müsst, keinerlei Symbole zu bilden. Wenn ihr dies vermeidet, symbolisiert dies die »Große Leere«, in der es weder Einheit noch Vielheit gibt. Dann werden sich euch die Buddhas aller großen Weltsysteme in einem Augenblick offenbaren.
> Ihr werdet die Scharen der sich windenden und hin und her bewegenden Lebewesen als bloße Schatten erkennen. Kontinente, so zahllos wie die Staubkörner, scheinen euch dann nicht mehr zu sein als ein einziger Tropfen des großen Meeres. Die tiefsten Lehren, die ihr jemals hörtet, werden euch Träume und Trugbilder sein. Ihr werdet allen Geist als den Einen Geist erkennen und alle Dinge als »eins« wahrnehmen.[66]

Durch diese Loslösung von allen Anhaftungen und Identifikationen erheben wir uns über alle Bilder und Vorstellungen, über alle Gedanken und Gefühle und so über alles, was die Sinne und der Verstand zu fassen vermögen. Indem wir all dies weit hinter uns lassen, gelangen wir an jenen Punkt, der jede Möglichkeit einer positiven Aussage über das letztlich unaussprechliche Geheimnis des göttlichen Seins ausschließt.

6

Vom nur gedachten Gott zur unaussagbaren göttlichen Wirklichkeit

Worte sind nur Wegweiser

Wollen wir ernsthaft auf den Grund allen Seins hinabtauchen, müssen wir alle unsere lieben und gewohnten Wortbegriffe, alle Vorstellungen, Zeichen und Symbole opfern und uns so einem neuen Weg der Betrachtung öffnen. Erst dann werden wir der Tyrannei und Versklavung durch das einengende und somit begrenzende, begriffliche Denken entrinnen. Solange wir zu diesem Schritt nicht bereit sind, bleiben wir am »Finger, der zum Mond weist« hängen, in der irrtümlichen Ansicht, der Finger sei das Ziel, auf das er hinweist. Im *Lankavatara-Sutra*, einer der wesentlichen Schriften des *Mahayana*-Buddhismus, heißt es:

> Möge ein jeder Jünger sich vorsehen, nicht an Worten zu haften, als wären sie ein vollkommener Ausdruck des Sinns; denn Wahrheit ist nicht in Buchstaben. Wenn ein Mensch mit dem Finger nach etwas weist, so könnte der Finger irrtümlich

> als das Ding betrachtet werden, auf das hingewiesen werden sollte. In gleicher Weise sind die Unwissenden und Einfältigen gleich Kindern, unfähig, die Idee aufzugeben, dass im Wort der Sinn selber enthalten sei.[67]

Im »Plattform-*Sutra* des sechsten Patriarchen« sagt Zen-Meister Hui-neng (7. Jh.):

> Die den Sinn kennen, sind über sinnleere Worte hinausgegangen. Die den Grund schauen, haben die Buchstaben transzendiert. Die Lehre selbst ist mehr als Worte und Buchstaben, weshalb sollten wir sie in diesen suchen? Wer den Sinn erlangt, der vergisst die Worte; er schaut den Grund und lässt die Lehre hinter sich.[68]

Der folgende Auszug aus einem Brief des chinesischen Zen-Meisters Yüan-wu möge zum Verständnis des hier Gesagten beitragen:

> Es zeigt sich gerade vor deinem Gesicht, und in diesem Augenblick ist das Ganze dir schon gegeben. Für einen verständigen Menschen sollte ein einziges Wort schon genügen, ihn von der Wahrheit zu überzeugen. Aber schon hat sich der Irrtum eingeschlichen. Und dies umso rascher, sobald Papier und Feder daran beteiligt sind, oder Vortrag in Worten oder logische Sophisterei; dann entgleitet es dir, weiter und weiter. Die große Wahrheit des Zen ist in jedermanns Besitz.

Schau in dein eigenes Wesen und suche es nicht durch andere. Dein eigener Geist ist jenseits aller Form, ist frei und still und sich selbst genügend. Immerwährend prägt er sich selbst in deinen sechs Sinnen und in den vier Elementen. In seinem Lichte löst sich alles auf.

Bringe die Zweiheit von Subjekt und Objekt zum Schweigen, vergiss beide, überspringe den Intellekt, trenne dich vom Verstand und dringe unmittelbar in die Tiefe bis zur Identität mit dem Buddha-Geist; außerhalb seiner gibt es keine Wirklichkeit. Daher erklärte Bodhidharma, als er vom Westen kam, ganz schlicht: »Meine Lehre dringt unmittelbar in des Menschen Herz, daher ist sie einzigartig und nicht verstrickt in kanonische Vorschriften; sie ist die unmittelbare Weitergabe des echten Siegels.«

Zen hat nichts zu tun mit Buchstaben, Worten und *Sutras*, es verlangt von dir nur das Eine, gerade den Kern zu erfassen und darin deine friedvolle Heimstätte zu finden. Ist der Geist beunruhigt, so ist der Verstand in Bewegung gesetzt, es werden Dinge erkannt, Feststellungen gemacht, und Vorurteile keimen auf. Und in diesem Labyrinth geht Zen für immer verloren.[69]

Zen ist eine praktische Lehre und keine Sache intellektueller Erklärungen. Würde man mich fragen, was Zen eigentlich lehrt, so müsste ich der Wahrheit gemäß antworten: »Zen lehrt, dass es nichts zu lehren gibt.« Zen ist die allereinfachste und zugleich allerschwierigste

Sache der Welt. Aber da die Menschen alles mit dem Kopf machen wollen, haben sie sich den Zugang zu dieser Einfachheit selbst verbaut. Hinter jeder Antwort, die wir mit den Mitteln des unterscheidenden, begrifflichen Denkens gefunden haben, erhebt sich eine neue Frage, und je mehr wir auf das Ziel zugehen, umso mehr entfernen wir uns von ihm.

Wir Menschen neigen im Allgemeinen dazu, scheinbar einleuchtende Fragen zu stellen und uns unentwirrbar in diese zu verstricken. Solange wir uns nur auf unseren Verstand verlassen, haben wir keine Möglichkeit, diesem Teufelskreis zu entrinnen. Deshalb heißt es im Zen: »Lass alles hinter dir! Wirf deine gefärbte Brille der vorgefassten Meinungen und Gedanken fort, schau einfach hin und erkenne die Dinge so wie sie sind!« Weil die meisten spirituell Suchenden aber nicht genug Vertrauen haben, kleben sie an Worten und Buchstaben. Sie wollen die göttliche Wahrheit in geschriebenen Worten finden und entfernen sich so aber immer mehr von ihr und sind schließlich so weit davon entfernt wie der Himmel von der Erde.

Wo die Worte und Zeichen ihren praktischen Wert besitzen, soll man sie gebrauchen, wo sie aber versagen oder gar versuchen, ihre eigenen Grenzen zu überschreiten, da müssen wir ihnen Einhalt gebieten. Es ist von grundlegender Bedeutung für unseren geistigen Weg einzusehen, dass Worte niemals mehr als Worte und Symbole niemals mehr als Symbole sein können – und weiter nichts. Solange wir von diesen Dingen gefesselt bleiben, hängen wir im Kreislauf von Geburt und Tod fest und müssen durch unsagbares Leiden gehen. Wollen wir aber wirklich Befreiung erlangen, so müssen wir uns rückhaltlos von allen Daseinsfesseln freimachen. Indem wir uns von allem befreien, was unsere freie Sicht behindert, und uns in den bodenlosen Abgrund des göttlichen Nichts stürzen, werden wir »das Große Leben, das allem Leben Leben gibt«, erlangen. Der christliche Mystiker Dionysius Areopagita, der um die Wende des sechsten Jahrhunderts lebte, fordert uns daher immer wieder auf, alles loszulassen, so dass sich uns in der mystischen Versenkung die Vereinigung mit der Gottheit vollendet:

> Lass fahren die Sinne und die Tätigkeit des Verstandes, auch alles, was Sinne und Verstand zu fassen vermögen, alles, was ist und nicht ist. Und durch das Nicht-Wissen hindurch strecke dich aus soweit als möglich, dem Einssein mit dem entgegen, der jenseits allen Seins und Wissens ist. Auf diese Weise wirst du – durch strenges, unbedingtes, reines Losgelöstsein von dir selber und von allen Dingen – alles durchdringen, und freigeworden von allem wirst du hinaufgeführt werden zu jenem »Strahlen des göttlichen Dunkels«, das jenseits allen Seins ist.
> Eintretend in das Dunkel, das alles Verstehen übersteigt, stockt uns nicht nur die Rede, sondern uns bleibt nur völliges Stillschweigen und Nicht-Wissen.
> Allen Wissens entledigt, ist der Mensch vereinigt mit dem Höchsten, das er in sich hat, mit nichts Geschöpflichem, auch nicht mit sich selbst, noch mit einem anderen, sondern mit dem Einen, der

> gänzlich unerkennbar ist; und nichts erkennend erkennt er, auf eine Weise, die alles Begreifen übersteigt.[70]

Und so preist Dionysius das leuchtende Strahlen des göttlichen Dunkels:

> Oh, Dunkel des Schweigens! Es wäre nicht genug, von Dir zu sagen, dass Du wie lauter Finsternis in strahlendem Licht aufglänzest; nicht genug, von Dir zu sagen, dass Dein Glanz sich immer gleich bleibt; nicht genug, von Dir zu sagen, dass Du Dunkelheit des Urgrunds mit der Leuchtkraft Deiner Fülle bis zum Bersten blendest und schöner bist als die Schönheit selbst.[71]

Das Geheimnis jenseits der Schrift

»Du, oh Gott, hast uns zu Dir hin erschaffen, und deshalb ist unser Herz unruhig, bis es ruht in Dir«, ruft Augustinus in seinen Bekenntnissen aus. Diese Ruhelosigkeit treibt uns Menschen seit dem ersten Aufkeimen des menschlichen Bewusstseins innerhalb der Evolution des Lebens. Wir werden keinen inneren Frieden finden, bevor sich uns nicht, im Erlebnis des Erwachens aus dem Traum einer vermeintlichen, vielheitlichen Welt, das leuchtende Strahlen der letzten Wirklichkeit, als der Ursprung und das Ziel allen Lebens, offenbart.

Solange wir uns aber bei unserem Suchen nach der Wahrheit noch in alle möglichen philosophischen

Schlussfolgerungen, theologischen Spitzfindigkeiten und Bibelauslegungen verlieren, bleiben wir in den Netzen des begrifflichen Denkens gefangen. Origenes sagt:

> Man muss die Heilige Schrift geistig und geistlich verstehen, denn die materielle Kenntnis, die sich nur auf die geschichtlichen Vorgänge bezieht, ist nicht wahr. Wenn du versuchst, den göttlichen Sinn auf den rein äußerlich betrachtenden Wortlaut herabzuziehen, so wird er keinen Grund finden, sich niederzulassen und wird in seine heimische Wohnstatt zurückkehren, welche die ihm gemäße Schau ist.[72]

Mit den Worten des mystischen Dichters Angelus Silesius (17. Jh.):

> Die Schrift ist Schrift, sonst nichts
> Mein Trost ist Wesenheit,
> Und dass Gott in mir spricht
> das Wort der Ewigkeit.[73]

Je mehr der Mensch von der Fülle des göttlichen Seins durchdrungen ist, desto unvermögender wird die Sprache, das unaussagbare Geheimnis des Ewigen in Worten auszudrücken. Alles, was er darüber aussagen könnte, würde sein mystisches Erleben nicht wirklich zum Ausdruck bringen. In meinem Buch »Lao-tse, Tao Te King (Das heilige Buch vom Tao und der wahren Tugend)« sagte ich über die Unaussagbarkeit des Absoluten: »Welche Namen und Umschreibungen wir dem unvorstellbaren und somit unaussagbaren Urgrund allen Seins auch geben, es sind doch nur unsere eigenen begrenzten Vorstellungen und Bilder vom Tao, aber niemals das Tao selbst. Tao ist unfassbar und undefinierbar, denn definieren bedeutet Grenzen setzen. Alle Bemühungen, das Tao in begriffliche Formen zu zwängen, kommen dem Versuch gleich, den Himmel mit einem Netz einfangen zu wollen.« Gleich zu Beginn des ersten Kapitels sagt uns deshalb Lao-tse (6. Jh. v. Chr.):

> Das aussagbare Tao ist nicht das ewige Tao.
> Der nennbare Name ist nicht der ewige Name.[74]

Weil es uns nicht möglich ist, irgendeine positive Aussage über das Absolute zu machen, bleibt uns keine andere Wahl, als uns durch »Negationen« auszudrücken. Da wir vom ewigen Seinsgrund nicht sagen können, was er ist, bleibt uns nur die Möglichkeit auszusagen, was er »nicht« ist. In der Negation beseitigen wir durch Wegstreichen all dessen, was Gott nicht ist, die Hindernisse, welche die ungeoffenbarte Wirklichkeit des Ewigen verhüllen. Das unablässige Kreisen um eine Summe von theologischen Negationen entspricht der Methode, sich über den eingrenzenden Bereich der Aussagen zum letztlich Unaussagbaren zu erheben.

Es geht um ein Übersteigen aller menschlichen Begriffe und Gedanken, denn – »alles begriffliche Denken ist eine irrtümliche Meinung«, heißt es im Zen. Nur wenn wir vollkommen frei werden von allen vorgefertigten Begriffsschablonen, können wir uns unseres wahren Wesens bewusst werden.

Der bedeutendste Lehrer der sogenannten »Negativen Theologie« (*theologia negativa*) war für die christliche Mystik Dionysius Areopagita, den viele Generationen als den »Vater der christlichen Mystik« ehrten. Dieser christliche Neoplatoniker übte auf die mittelalterliche Geistesgeschichte einen gewaltigen Einfluss aus. Für Dionysius ist Gott der Namenlose, der Überseiende, Übereine, Übergute, die überwesentliche Dunkelheit. Der Mensch muss in Schweigen versinken, wenn sich sein Geist mit dem »Unaussprechlichen und Unbekannten auf unaussprechliche und unbekannte Weise verbindet«, gemäß jener Vereinigung, die alle Kraft und Fähigkeit unseres Denkens übersteigt. Deshalb sagt Dionysius:

> Die namenlose, überseiende göttliche Wesenheit ist jene, die jenseits von allen Wesen hinausreicht über alles Wesenhafte; eine wissende Weisheit ist es, die keiner wissenden Weisheit vernünftiger Wesen mehr zugänglich ist. Mit einem Wort, der *Logos*, also das »Wort« selbst ist es, das durch keine menschlichen Worte mehr ausgedrückt werden kann – ein Nicht-Wort, Nicht-Wissen, Nicht-Wesen, Nicht-Name; kurz alles, was in keiner Art zu irgendetwas gehört, oder irgendetwas ist, Grund des Seins für alle Dinge und doch selbst nicht Ding und nichts Seiendes. Es ist erhaben über alle Wesenheit, ausgeschlossen von aller Wesenheit, denn es stellt sich nicht dem Endlichen.[75]

Bei aller Hochachtung vor den heiligen Schriften der Menschheit und den Worten großer Meister geht es dem wahrhaft Erleuchteten stets um das Geheimnis des Ungeschriebenen, um das Mysterium »jenseits der Schrift«. Die Schrift und die äußeren Worte sind nur Nachhall und Schatten des wahren, wesentlichen inneren Wortes, das stets gegenwärtig in uns ist. Denn das, was jene zum klaren Licht der Wirklichkeit Erwachten erfahren haben, geht weit über das hinaus, was menschliche Worte auszudrücken imstande sind. Es liegt vollkommen außerhalb des Fassungsvermögens intellektuellen Verstehens:

> Was kein Auge gesehen und kein Ohr gehört hat, was keinem Menschen in den Sinn gekommen ist: das Große, das Gott denen bereitet hat, die ihn lieben. (1. Kor 2,9)

Auch Zen-Meister Huang-po spricht von einem Begreifen jenseits des Denkens:

> Volles Begreifen kann nur durch ein unausdrückbares Mysterium kommen. Der Zugang zu ihm heißt das Tor zur Stille jenseits aller Tätigkeit. Willst du dies verstehen, dann wisse, dass ein plötzliches Begreifen aufblitzt, wenn der Geist vom Gestrüpp der gedanklichen und unterscheidenden Denktätigkeit gereinigt ist. Wer die Wahrheit mit Hilfe des Intellekts und von Gelehrsamkeit sucht, wird sich nur immer weiter von ihr entfernen.[76]

Wir dürfen jetzt diese Worte Huang-pos aber nicht dahingehend missverstehen, dass man überhaupt nicht mehr denken soll. Es besteht nicht die geringste Notwendigkeit, unsere intellektuellen Möglichkeiten zu unterdrücken oder das freie Fließen unserer Gedanken mit der Fähigkeit vernunftgemäßer Betrachtung zu unterbinden. Man sollte sich nur der Grenzen allen begrifflichen Denkens bewusst werden.

Wir unterliegen einem verhängnisvollen Irrtum, wenn wir – wie es heute leider bei vielen westlichen Vertretern des Zen üblich geworden ist – glauben, unseren Intellekt negieren zu müssen. Viele sind allen Ernstes der Ansicht, man bräuchte nur den »bösen Intellekt« zu unterdrücken und schon würde sich das heißersehnte *Nirvana* offenbaren. Bezeichnenderweise ist es so, dass die Erfahrung lehrt, dass gerade diejenigen, die niemals einen besonders ausgeprägten Intellekt hatten, am schnellsten bereit sind, ihn wegzuwerfen. Es kann aber nicht nachdrücklich genug darauf hingewiesen werden, dass dies mit wirklicher Zen-Praxis nicht das Geringste zu tun hat.

Es geht niemals darum, das Denken zu verdrängen, sondern darum, das Denken zu übersteigen. Denn nur wer in seinem geistigen Ringen bis an die Grenzen des Denkens gelangt ist, wird hierzu fähig sein und den Sprung in die »Große Leere« wagen. Es ist der Sprung in den unermesslichen Urgrund des göttlichen Seins.

Wenn wir uns des begrifflichen Denkens in dieser Weise entledigen, dann wird sich unser wahres Selbst in seiner ganzen Herrlichkeit offenbaren, und wir sind zur Quelle allen Seins zurückgekehrt.

Das innere Schweigen vor dem Unendlichen

Das unaufhörliche Auf- und Niederfluten von Gedanken gehört zur menschlichen Natur. Ein Gedanke folgt dem anderen, und sie bewegen sich innerhalb ihrer selbst geschaffenen Grenzen. Infolge dieser Rastlosigkeit des Denkens, hervorgerufen durch die Wellen und Eindrücke auf der Oberfläche des Bewusstseins, ist es nicht mehr möglich, die allgegenwärtige, überraumzeitliche Wirklichkeit in uns selbst wahrzunehmen. Aus diesem Grund ruft uns der Apostel Paulus zu:

> Wisst ihr nicht, dass ihr der Tempel des Heiligen Geistes seid? (1. Kor 3,16)

Doch was nützt uns dies, wenn unser Bewusstsein angefüllt ist mit allem möglichen Sperrmüll begrifflichen Denkens. Das laute Geschrei aller Arten von Vorstellungen, Wünschen und Ängsten übertönt das göttliche Wort, das sich im Grunde der Seele, dem »Tempel des Heiligen Geistes«, selbst spricht. Dies ist auch die tiefere Bedeutung der im Neuen Testament erwähnten »Tempelaustreibung«. Hierzu sagt Meister Eckhart in seiner Predigt zu Matthäus 21,12:

> Wir lesen im heiligen Evangelium, dass unser Herr in den Tempel ging und sich daran machte, hinauszuwerfen, die da kauften und verkauften. Er gibt damit unzweideutig zu verstehen, dass er den Tempel leer haben wollte. Er sagt: »Ich habe ein Recht auf diesen Tempel und will allein darin

> sein, allein darin die Herrschaft haben!« Welches ist nun dieser Tempel, darin Gott Gewalt und Herrschaft üben will nach seinem Willen? Das ist des Menschen »Seele«, die er so recht ihm selber gleich gebildet und geschaffen hat. Aus dem Grund also will Gott den Tempel leer haben, dass auch rein nichts weiter darin sei als er allein. So war denn niemand mehr darin als Gott allein, und der beginnt nun zu sprechen im Tempel der Seele. Will aber jemand anderes reden in diesem Tempel als Gott, so schweigt er, denn die Seele hat fremde Gäste. Soll aber Gott reden in der Seele, so muss sie allein sein und muss selber schweigen, wenn sie Gott hören will.[77]

Unser unterscheidendes, begriffliches Denken muss schweigen, wenn wir das göttliche Wort, das sich im Grunde unseres Herzens spricht, hören wollen. So wie der Prophet sagt: »Ich will still sein und hören, was Gott der Herr in mir spricht.« Dieses Stillsein und Hinhören auf das, was Gott im Innersten des Herzens spricht, findet seinen Ausdruck in der Erzählung des »Abendmahls« im Johannesevangelium. Dort heißt es:

> Einer von seinen Jüngern (Johannes) lag bei Tisch an der Brust Jesu, der, den Jesus liebte. (Joh 13,23)

Diese Aussage bedeutet jedoch weit mehr als eine beiläufige und nebensächliche Mitteilung über die Tischordnung im Jüngerkreis. Vielmehr ist es ein Bildausdruck von größter symbolischer Tiefe. Es muss an dieser Stelle mit äußerstem Nachdruck darauf hingewiesen werden, dass biblische Erzählungen dieser Art alles andere als bloße bibelgeschichtliche Dokumentationen sind. Vielmehr sprechen sie in Bildern, indem sie in Zeichen und Symbolen Wirklichkeiten aussagen, die anders nur schwer oder überhaupt nicht ausgesagt werden können.

Die Heilige Schrift weist immer wieder darauf hin, dass wir mit dem Herzen zuhören sollen, um die Wahrheit hinter den Worten zu verstehen. Wir müssen uns davor hüten, durch ein allzu wörtliches Verständnis, welches immer ein untrügliches Zeichen für oberflächliches Denken ist, am eigentlichen Sinngehalt vorbeizugehen. Die Worte »an der Brust Jesu liegen« und »den Jesus liebte« weisen hier auf die größte seelisch-geistige Nähe und Beziehung zwischen Christus und dem Jünger, zwischen Gott und Mensch hin. An der Brust Jesu liegen heißt vor allem: Hören auf das »göttliche Wort«, das sich als die ungeborene, ewige Wirklichkeit selbst im Grunde unseres Seins, im Innersten unseres Herzens spricht. Es ist ein Hineinhören in die unerschöpfliche göttliche Tiefe. Es ist das Innewerden des Ewigen in uns.

Diese Wahrnehmung des ewigen Wesensgrundes, als mein allerinnerstes wahres Selbst, hat jedoch ein absolutes Schweigen und Loslassen all dessen, was Gott nicht ist, zur Voraussetzung. Dies bedeutet aber nichts weniger, als sich von allem Äußeren abzuwenden und nach innen ins Verborgene (*en krypto*) zu kehren. Es ist eine Wendung vom Äußeren, dem Bereich der Gegensätze, zum Inneren: der allumfassenden Ganzheit des göttlichen Seins. Es ist der Weg der übergegenständlichen Meditation – der Weg des inneren Schweigens vor dem Unendlichen. Dieses Schweigen vor dem Unendlichen ist aber ein mystisches »Gebet der Stille«, bei dem wir in unserem Innersten, in der »inneren Kammer des Herzens« auf Den hinhören, der im Verborgenen zu uns spricht. Dieses Gebet entspricht der Aufforderung Jesu, wenn er sagt:

> Wenn du betest, so gehe in deine Kammer zu deinem Vater, der im Verborgenen ist. (Mt 6,6)

Was tief in unserem Allerinnersten verborgen ist, liegt in Stille und Ruhe, und in dieser Stille der Tiefe des göttlichen Urgrundes sprudelt die ewige, unerschöpfliche Urquelle allen Seins. Viele Worte verwirren das Gemüt, doch wo die Worte schweigen, beginnt das Unendliche. Oder wie Meister Eckhart sagt:

> Die Liebe (die Gott selbst ist), beginnt da, wo das Denken aufhört. Doch wir brauchen uns diese Liebe von Gott nicht erbitten, sondern wir müssen uns für sie nur bereit halten.[78]

Das innere Schweigen vor dem, was jenseits all dessen ist, was Sinne und Verstand zu fassen vermögen, ist die unbedingte Voraussetzung zur Wahrnehmung des Ewigen in uns. Wollen wir dieses Ewige in uns erfahren, dann muss alles Denken, Wähnen und Meinen schweigen. Alle Kräfte müssen schweigen, um Gott eine innere Stätte der Stille zu bereiten, damit Er in uns sprechen kann.

7 Lebendige Christusnachfolge

Die Freude des Herzens

Das Evangelium Jesu Christi ist das Evangelium der konsequenten Christusnachfolge und unvereinbar mit Halbheiten. Nur seine Verwässerung und Verniedlichung konnte aus der christlichen Wahrheit eine bequeme, auf das Niveau des »Kirchlich-Erbaulichen« herabgesunkene Religion machen. Eine bequeme Christusnachfolge ist jedoch, genau genommen, überhaupt keine Christusnachfolge.

Wer glaubt, er könne sich auf dem geistigen Weg wie in einer bequemen Behausung einrichten, unterliegt einem gewaltigen Trugschluss. Es wäre aber genauso falsch, wenn wir meinten, mit solch traurigen Leichenträgermienen auf dem geistigen Weg einherschleichen zu müssen, wie sie uns oft in kirchlichen Darstellungen falscher Leidensmystik begegnen.

»Freude« ist paradoxerweise ein Lieblingswort des Neuen Testaments, denn die Botschaft, die Jesus bringt, ist eine freudige Offenbarung, die den Menschen herausreißt aus seiner Hoffnungslosigkeit. Nirgendwo in der gesamten Menschheitsgeschichte gibt es wirkliche, lebendige Spiritualität ohne Freude. Wo der Mensch die Freude nicht zulässt, da ist auch der Geist Gottes nicht lebendig. »Freut euch zu jeder Zeit!« (1. Thess 5,16) sagt Paulus, und Teresa von Avila (16. Jh.) sagt: »Ein Heiliger, der traurig ist, ist ein trauriger Heiliger.« Diesen traurigen Heiligen ruft Johannes Klimacos zu:

> Gott verlangt oder begehrt nicht, dass wir in Herzensqual trauern sollten; er wünscht vielmehr, dass wir, aus Liebe zu ihm, in unserem Herzen jubeln und lachen möchten.[79]

Wer in seinem Herzen etwas von der Freude des Evangeliums Jesu Christi verstanden hat, dem dürfte es eigentlich nicht mehr schwerfallen zu lachen. Das herzliche Lachen, als Ausdruck der Heiterkeit der Seele, fällt aber gerade denjenigen am schwersten, die noch zu stark in ihrem kleinen Pseudo-Ich, dem Ego, verhaftet sind. In ihrem ständigen Bemühen, die Maske der Ernsthaftigkeit als Ausdruck ihrer Frömmigkeit aufzubehalten, wirken solche wandelnden Karikaturen christlicher Gesinnung nicht gerade sehr inspirierend. Wer sich selbst in seinem Ego und seiner Welt so ungeheuer wichtig nimmt, der sollte sich vielleicht einmal fragen, warum Engel fliegen können. »Warum können Engel fliegen? Weil sie sich leicht nehmen.«

Es müsste uns zu denken geben, dass die mittelalterliche Mystik die Traurigkeit mit der »Trägheit des Herzens« in Verbindung gebracht hat und zu den »Wurzelsünden« zählte. Wer sich weigert, der Freude Raum in seinem Herzen zu geben und sich gegen sie zur Wehr setzt, der ist blind und taub geworden für die Wirklichkeit des göttlichen Seins. Hierzu sagt Franz von Assisi (13. Jh.):

> Wer sich bemüht, die innere und äußere Heiterkeit des Geistes zu bewahren, die aus der Reinheit des Herzens kommt, dem können die Dämonen nicht schaden, denn sie können kein Tor finden, durch das sie eingehen in ihn. Des Teufels Anteil ist die Trauer, uns aber steht es zu, immerdar fröhlich zu sein und uns in Gott zu freuen.[80]

Der Humor der Christen ist nicht gerade sprichwörtlich, und oft ist gesagt worden, das stärkste Argument gegen die christliche Religion seien die Christen selbst. »Heiterkeit ist das letzte Wort der wahren Lehre«, heißt es im *Mahamudra* des tibetischen Buddhismus. Und der christliche Mystiker Aurelius Augustinus sagt:

> Das gotterfüllte Herz kann weder reden noch schweigen, darum möge es aus der Fülle des inneren Gotterlebens seine wortlose Freude zum stummen Jubel erheben.[81]

Viele Vertreter der christlichen Religion sind jedoch der Ansicht, man dürfe die natürliche Freude nicht zulassen. Sie halten die Freude für einen Irrtum oder eine Ausflucht und verharren lieber in der Düsternis kirchenbewusster Achtbarkeit. Es ist aber lächerlich, ein spirituelles Leben führen zu wollen und sich dabei in das engstirnige Denken einer puritanischen Geisteshaltung zu verstricken. Die Ernsthaftigkeit des geistigen Weges schlägt gern um in Humorlosigkeit und Intoleranz, so dass man nichts anderes mehr sieht als nur noch »den Splitter in den Augen seiner Mitmenschen, den Balken im eigenen aber nicht« (Mt 7,3).

Solch eine scheinreligiöse Mentalität tritt umso stärker zutage, je mehr das aufgeblasene Ego, in seinem Anspruch auf »Achtbarkeit«, auf Wahrung des äußeren Scheins bedacht ist. Jesus tritt in den Streitgesprächen mit den Pharisäern und Schriftgelehrten jenem heuchlerischen Anspruch auf Achtbarkeit mit den schärfsten Worten entgegen:

> Wehe euch, Schriftgelehrte und Pharisäer, ihr Heuchler! Ihr seid wie die übertünchten Gräber, die von außen hübsch aussehen; aber innen sind sie voller Totengebeine und lauter Unrat. Von außen scheint ihr vor den Menschen fromm, aber innen seid ihr voller Heuchelei und Unrecht.
>
> (Mt 23,27–28)

Durch solche kraftvollen Worte wird der Anspruch auf Achtbarkeit als scheinheilige Heuchelei entlarvt. Jesus mag vieles gewesen sein, aber eines war er auf keinen Fall – achtbar. Er stellt das dar, was er schon immer darstellte und darstellen wird und was Bernanos »die große Furcht recht denkender Leute« nannte. Er ist für diejenigen die große Furcht und Störung, die damals schon riefen: »Kreuzigt ihn! Hinweg mit ihm!«, und die es heute immer noch rufen, indem sie seine Lehre bis zur Unkenntlichkeit einer veräußerlichten, moralisierenden Theologie entstellt und verniedlicht haben. Jesus entsprach weder damals, noch entspricht er heute der Vorstellung pseudo-religiösen »Sauberkeitsdenkens«, und so lesen wir im Evangelium:

> Denn der Menschensohn ist gekommen, er isst und trinkt; darauf sagen sie: »Dieser Fresser und Säufer, dieser Freund der Sünder.« (Mt 11,19)

Dieses Sauberkeitsdenken ist immer gepaart mit puritanischem Bewusstsein und geistiger Enge und tritt gern im Gewand religiöser Ernsthaftigkeit auf. Jedoch »an ihren Früchten sollt ihr sie erkennen« (Mt 7,16). Wo keine Freude ist, da ist auch keine Wahrheit. Uns ist »große Freude« angekündigt, warum sollten wir da Trübsal blasen. »Ich verkünde euch große Freude«, steht am Anfang des Evangeliums, und am Ende: »Sie kehrten nach Jerusalem zurück in großer Freude« (Lk 2,10; 24,52). Die christliche Kirche muss diese große Freude neu entdecken, dieselbe große Freude, die die Jünger damals empfanden, als sie den auferstandenen Heiland erblickten.

Da aber verhärtete Rationalisten ebenso wie engstirnige Traditionalisten sich nicht gerne aus ihrer scheinreligiösen Behaglichkeit wachrütteln lassen, werden wir auf die große Freude in den Kirchen wohl noch etwas warten müssen. Wo man nur von Sündenschuld spricht, Sündenlosigkeit nur im moralischen Sinn deutet und sich an religiösen Dogmen und Formeln festklammert, da kann es auch keine freudvolle Verkündigung geben. Es ist so wie Jesus im Evangelium sagt, dass das

Himmelreich vor den Klugen und Weisen dieser Welt verborgen ist, vor allem vor denen, die sich für spirituell und religiös halten. Sie sind zu reich (Mt 10,24), um die Gabe der reinen ursprünglichen Freude zu empfangen. Wie befreiend sind da doch die Worte des chinesischen Zen-Meisters Lin-chi aus dem neunten Jahrhundert:

> Seid von nichts abhängig – was es auch sei! Wenn ihr wirklich vollkommen frei sein wollt, dann erkennt euer wahres Selbst.[82]

Mit den Worten Jesu:

> Ihr werdet die Wahrheit erkennen und die Wahrheit wird euch frei machen. (Joh 8,32)

Man kann in Kirchen zwar des Öfteren die zweite Hälfte dieses Ausspruches von Jesus irgendwo über der Tür oder an der Wand lesen. Doch der wesentliche Kern der Aussage – die erste Hälfte dieses Satzes: »Ihr werdet die Wahrheit erkennen«, wird meistens weggelassen. Die Absicht, die dahinter liegt, ist für den kritischen Betrachter offensichtlich. Der Gläubige soll unter der Wahrheit, die ihn frei machen soll, das im äußeren Glaubensbekenntnis geglaubte kirchliche Dogma verstehen. Aber dem nach unmittelbarer Erfahrung der göttlichen Wahrheit Durstenden kann eine ihm von außen auferlegte künstliche Lehre niemals genügen.

Eine wesentliche Voraussetzung zur Erkenntnis der Wahrheit ist jedoch die ruhige, vertraute Heiterkeit der Seele. Denn um zur Erkenntnis zu gelangen, muss die

Seele, die unruhig und verwirrt gewesen ist – weil sie voll war von religiösen Formeln und gehirnakrobatischen Spekulationen –, rein und heiter werden. Deshalb sagt ja auch Jesus in der Bergpredigt:

> Selig sind, die reinen Herzens sind, denn sie werden Gott schauen. (Mt 5,8)

Die Reinheit des Herzens hat aber stets ein Freiwerden von allen Ichwahn-bedingten Anklammerungen und Identifikationen, als einem inneren Leerwerden, zur Voraussetzung. In diesem inneren Leersein entsprechen wir der von Jesus in der Bergpredigt ausgesprochenen, oft missverstandenen ersten Seligpreisung:

> Selig sind die Armen im Geiste, denn ihrer ist das Himmelreich. (Mt 5,3)

Indem wir leer werden von all dem, was Gott nicht ist, werden wir voll von der Überfülle der Gottheit. Wir werden die »Fülle des ewigen Lebens« haben, »und die Jünger waren voller Freude und erfüllt vom Heiligen Geist« (Apg 13,52). Deshalb heißt es bei Paulus: »Die Frucht des Geistes aber ist die Freude« (Gal 5,22).

Ohne eine lebendige, zündende Verkündung dieser Freude ist die christliche Religion unverständlich und ohne Kraft. Und eine »Frohe Botschaft«, die ohne Freude verkündet wird, ist in jeder Hinsicht unglaubwürdig und stellt schon in sich selbst einen Widerspruch dar. Nur als freudvolle Verkünder der Freude konnten die frühen Christen die Begeisterung bei den Menschen erwecken; dies änderte sich, als die Kirche die Freude verlor und die Freude nicht mehr in ihr lebendig war. Im schärfsten Gegensatz zu einer freudlosen und traurigen christlichen Geisteshaltung stehen aber paradoxerweise die aufmunternden Worte Jesu selbst:

> Betrübt euer Herz nicht, glaubt an Gott und glaubt an mich. Dies habe ich euch gesagt, damit meine Freude in euch ist, und damit eure Freude vollkommen wird. (Joh 14,1; 15,11)

Vom Dogma zum gelebten Glauben

Im Opfertod Christi am Kreuz zeigt uns die göttliche Weisheit aus Liebe zum Menschen den »Weg zur Befreiung« – »denn so sehr hat Gott die Welt geliebt, dass er seinen eingeborenen Sohn dahingab« (Joh 3,16).

Wenn wir in dieser göttlichen Liebestat aber nichts anderes sehen als den Vollzug einer Strafe, die eigentlich uns gebührt, dann verfehlen wir den tiefen Sinn, der im Opfertod Jesu für uns Menschen liegt. Diejenigen, die im Kreuztod Jesu nichts anderes erkennen können, als dass er für unsere Sünden gestorben ist, beweisen damit nur ihre Unfähigkeit zur wahren Christusnachfolge und somit zu »eigenem« spirituellen Erleben.

Eine Religion, die von ihren Bekennern nicht mehr durch mystische Eigenerfahrung erneuert wird, erstarrt jedoch immer mehr zum »Fossil« eines abgestorbenen kirchlichen Dogmas. Solch ein Glaubenssystem birgt die Gefahr in sich, dass die logische Struktur und die rationale Lehre die mystische Wahrheit verdunkeln. Denn der rationale Verstand kann nicht anders, als versuchen, die Wahrheit zu beherrschen, statt ihr zu dienen. Dies liegt an der Beschränktheit des menschlichen Intellekts, der seine eigenen engen Begriffe und Vorstellungen der göttlichen Wahrheit auferlegt und das eine vom anderen nicht mehr zu unterscheiden weiß, so dass er schließlich sein eigenes Wahngebilde für die ewige Wahrheit selbst hält. Im einseitigen Beharren auf solchen gehirnakrobatischen Spekulationen theologischer Gelehrsamkeit erstarren diese dann zum Dogma einer kirchlichen Institution.

Obwohl Thomas von Aquin (13. Jh.) am Ende seines Lebens bekannte, dass alles, was er geschrieben hatte, ihm wie Spreu erschien, hatten seine Nachfolger nichts Eiligeres zu tun, als sein theologisches System auszubauen und daraus eine »Fessel« für den menschlichen Geist zu machen. Seine späteren mystischen Erkenntnisse blieben hierbei leider unberücksichtigt. Alle theologischen und philosophischen Systeme bergen in sich die Gefahr, sich im Rankengewirr gelehrter Schulmeinungen zu verstricken und in eine sklavische Wortgläubigkeit zu verfallen, die dann zum Dogma erstarrt.

Immer dann, wenn religiöses Leben zum Ausdruck einer lehrmäßig gegründeten Religion herabsinkt, ist die Folgeerscheinung, dass es in Dogmatismus und Moralismus versinkt. Solch eine Art von Religion trennt jedoch ihre Anhänger von jeder persönlichen Suche nach der Wahrheit. Denn es wird dann nur noch so über die göttliche Wahrheit geredet, dass schließlich ein leeres Konzept und somit nur ein totes Begriffssystem übrig bleibt.

Der wirklich religiöse Mensch übersteigt jedoch jedes Glaubensbekenntnis, und er lässt sich auch durch keine Konfession in einen vorgefertigten festen Rahmen pressen. So sagt auch der christliche Mystiker Sebastian Franck im 16. Jahrhundert:

> Der äußeren Kirche bedarf es nicht, denn Gott braucht keine äußeren Mittel zu seinem Werk. Im Reich Gottes gibt es kein äußerliches Priestertum, Tempel, Gottesdienste und Zeremonien. Denn der ewige Priester, Christus, vertritt dies alles innerlich im Geiste vor Gott. Das Reich Gottes hat keine äußere Form und keinen Namen; es ist in uns und nicht außer uns.[83]

Wer seinen Anspruch auf Religion durch sein sich Anklammern an eine äußere Institution und leere Glaubenssätze begründet, zeigt damit nur, dass er keine eigene, sondern nur eine ihm von anderen »ein- und aufgeredete« religiöse Überzeugung hat. Dies hat aber mit wahrem Glauben nichts zu tun. Vielmehr handelt es sich dabei nur um ein oberflächliches und »seichtes für wahr Halten«, dem die Kraft des Vertrauens »auf Gott selbst« fehlt.

Im Gegensatz hierzu ist der wahre Glaube gerade jene Kraft des Vertrauens, die Jesus im Garten Gethsemane die Furcht vor dem Tod überwinden ließ. Solch ein lebendiger Glaube kann uns aber niemals aus dem Verfallensein an eine sklavische Wortgläubigkeit, die am toten Buchstaben eines kirchlichen Dogmas hängt, zuteil werden. Erst indem man alles Haften an Worten und Vorstellungen überschreitet, wird man zum wahren und lebendigen, weil »gelebten« Glauben gelangen; deshalb sagt Paulus: »Der Gerechte lebt aus dem Glauben« (Röm 1,17). Dieser wahre Glaube ist immer frei und ungebunden und fest verwurzelt in der »Liebe, die Gott selbst ist« (1. Joh 4,16). Hierzu sagt der christliche Mystiker Jakob Böhme:

> Der wahre Glaube ist eine Macht Gottes, ein Geist mit Gott. Er wirkt in Gott und mit Gott. Er ist frei und an keinen Artikel gebunden als nur an die rechte Liebe. In ihr holt er seines Lebens Kraft und Stärke. Nichts liegt am menschlichen Wähnen. Denn gleichwie Gott frei ist von aller Anneiglichkeit, dass er tut, was er will, und muss darum keine Rechenschaft geben: also ist auch der rechte, wahre Glaube im Geiste Gottes frei.[84]

Ein Glaube, der nicht die Seelenmitte trifft, hat mit wirklicher religiöser Geisteshaltung nichts zu tun. Der Ritus, der ihn begleitet, wird zu einer bloß äußerlichen Geste, zu einem mündlichen Glaubensbekenntnis im Sinne einer formelhaften Zusammenfassung der Kernpunkte eines religiösen Dogmas. Dies ist auch die Ursache für die mangelnde Überzeugungskraft eines in der »Veräußerlichung« stecken gebliebenen Christentums.

Das einschläfernde Klima solch einer »Religion der pflichtgemäßen Frömmigkeit« dient aber eher dazu, die geistige Müdigkeit zu fördern, als dass sie zu eigenem Suchen ermutigt. Indem sie nur vorgefertigte Antworten anbietet, ist sie nicht dazu geeignet, ein wirklich spirituelles Leben zu fördern, denn sie »hindert« den suchenden Menschen geradezu daran, die für ihn wesentlichen Fragen zu stellen. Außerdem fehlt ihr die notwendige Voraussetzung für eine wirklich offene Begegnung im Dialog mit anderen Religionen.

In den letzten Jahren haben aufgeklärte Menschen aller Kulturen sich ernsthaft um einen Dialog der Religionen bemüht. Aus Sorge um unsere gemeinsame Zukunft in einer Welt, die sich nach Frieden sehnt, kommen sie zusammen, um über die verbindenden Gemeinsamkeiten aller Religionen zu sprechen.

Wie wirklichkeitsfremd und von »religiöser Intoleranz« zeugend, wirkt doch in solch einer Situation das von den Repräsentanten der christlichen Kirche vertretene Dogma von »der christlichen Lehre, als der einzigen zur Erlösung des Menschen führenden Religion«. Dieses mit großem Eifer vertretene Dogma wird wohl kaum den Vorstellungen von einem ernsthaften Dialog der Religionen gerecht. Und so darf es uns nicht verwundern, dass die Vertreter anderer Religionen solch einer dualistischen Verkündigung ablehnend gegenüberstehen. Thich Nhat Hanh, einer der heutigen Hauptrepräsentanten des Buddhismus, hat sich als Friedensaktivist um einen Dialog der Religionen sehr verdient gemacht. Er kommentiert diese dogmatische Geisteshaltung folgendermaßen:

> Diese Aussage wird wohl kaum dem tiefen Geheimnis der Einheit mit der Trinität gerecht. Der Gedanke hinter der Aussage ist allerdings, dass das Christentum der einzige Weg zur Erlösung sei

> und »alle anderen religiösen Traditionen wertlos« seien. Eine solche Haltung schließt aber jeden Dialog aus und fördert die religiöse Intoleranz und Diskriminierung. Sie ist nicht hilfreich.[85]

Viele ehrlich geistig Suchende haben sich in unserer Zeit von der christlichen Kirche abgewandt. Sie fanden dort nicht die Nahrung, die sie für ihr spirituelles Wachstum benötigen. Ein wesentlicher Grund hierfür ist, dass Mystik in den Kirchen nur noch einen antiquarischen Wert hat und den meisten Seelsorgern das, was zur Erweckung echter Begeisterung für das Ewige unbedingte Voraussetzung ist, völlig abgeht. Diese Voraussetzung ist aber nichts anderes als die aus dem mystischen Leben und Erleben gewonnene »Begeisterung für Gott«.

Das Wort »Religion« (lat. *religere*) bedeutet »Rückverbindung mit Gott«. Diese Rückverbindung meint aber weit mehr als nur ein oberflächliches, zeitweises Denken an Gott. Vor allem ist sie mehr als der mechanische Vollzug von vorher eingeübten rituellen Handlungen und heiligen Gesängen. All diesen Ritualisten stellt Angelus Silesius die Frage:

> Meinst du, oh armer Mensch, dass deines Munds Geschrei der rechte Lobgesang der stillen Gottheit sei?[86]

Wir leben heute in einer Zeit der Begegnung der Religionen. Besonders der an den Folgeerscheinungen einer technisierten Zivilisation leidende Mensch sieht sich in einer allzu mechanischen Welt gefangen. Wie könnte in solch einer Situation eine aus programmierten »Ritualisten« und verknöcherten »Traditionalisten« bestehende Priesterschaft wahre geistige Impulse setzen? Besonders peinlich wird es aber, wenn solche von ihrem eigenen System besessenen, engstirnigen Dogmatiker sich anmaßen, die Aussagen von erleuchteten Mystikern aus ihrer begrenzten Perspektive der »Bewusstseinsverengung« zu beurteilen. Der japanische Religionswissenschaftler Keiji Nichitani sagt über diese Art von Theologen:

> Man muss diesen Kritikern den Vorwurf machen, dass sie von etwas reden, was ihrem Erfahrungs- und Anschauungsbereich völlig fremd ist, und dass sie den literarischen Zeugnissen der Mystik wie einer gedruckten Partitur gegenüberstehen, von der sie nur mühsam einzelne Stimmen entziffern können, deren Aufbau und Orchestrierung aber ihr Fassungsvermögen bei weitem übersteigt. Die Monotonie und Dürftigkeit der gegen die Mystik vorgebrachten Argumente lässt erkennen, dass hier Leute reden, die selber kein Sensorium für mystische Erfahrung haben.[87]

Natürlich gibt es auch lobenswerte Ausnahmen, und es bleibt zu hoffen, dass in Zukunft in den Kirchen ein stärkerer mystischer Geist spürbar wird. Zurzeit ist es jedoch immer noch so, dass das Wort »Mystik« im Katechismus nicht erwähnt wird. In theologischen Kreisen diskutiert man zwar intensiv darüber, wie man junge Menschen heute für die Kirche begeistern kann, doch solange man die Sache nicht an der Wurzel anpackt, wird man sich immer nur im Kreis drehen.

Wenn die christliche Kirche mehr sein will als nur eine verwaltende Institution eines alten, verstaubten kirchlichen Dogmas, dann muss sie in ihrer Verkündung den ganzen Menschen erfassen. Sie muss vor allem den tiefen inneren Teil des Menschen berühren: sein religiöses Bedürfnis und seine Sehnsucht nach eigenem mystischen Erleben. Man findet heutzutage nicht selten gläubige Menschen, die sich zwar zu Christus bekennen, aber die Kirche ablehnen. Häufig sieht man junge Menschen, und nicht nur junge, andächtig versunken in der Kirche sitzen. Sobald aber der Gottesdienst beginnt, verlassen sie sofort, manchmal sogar fluchtartig das Kirchengebäude.

Man sehnt sich heute nach religiöser Eigenerfahrung, nach echtem mystischen Erleben und möchte sich nicht mehr mit einem äußeren Ritus und der einfachen Zustimmung zu der dogmatischen Lehre, dass Jesus für unsere Sünden gestorben ist, zufrieden geben. Das kirchliche Dogma vom Kreuztod Jesu »an unserer statt« mag zwar als Mittel, spirituell unmündige Gläubige an die Kirche zu binden, seinen Zweck erfüllen; doch der nach dem göttlichen Sein als der Speise des ewigen Lebens Hungernde wird sich, wie es im Zen heißt, »mit einem gemalten Reiskuchen nicht zufrieden geben«. Der Philosoph und Theologe Karl Rahner sprach einmal die mutigen, voraussehenden Worte:

> Der Fromme von morgen wird ein Mystiker sein, einer, der etwas erfahren hat, wogegen die übliche

> religiöse Erziehung nur noch eine sekundäre Dressur für das religiös Institutionelle sein kann.[88]

Das Glaubenssystem, das solch eine religiöse Erziehung geschaffen hat, kann heute der Wirklichkeit nicht mehr standhalten. Als »Kind dieser Welt« ist es unfähig, jenes »Reich« zu verkünden, das »nicht von dieser Welt« ist. Der entscheidende Schritt auf diesem Weg zum »Reich Gottes« hin ist aber ein Freiwerden von allen verkrusteten theologischen und philosophischen Vorstellungen und zugleich ein Freiwerden vom eigenen Ich. Dieses im Prozess der »inneren Reinigung« vollzogene Loslassen ist aber nur auf dem Weg der meditativen Praxis möglich, in der jeder rationale Begriff von Gott überstiegen wird. Bonaventura (13. Jh.) sagt:

> Der Geist bedarf, um zur Beschauung zu gelangen, der Reinigung. Der Verstand ist dann gereinigt, wenn er von allen sinnlichen Erkenntnisbildern absieht, noch mehr gereinigt ist er, wenn er auch von den Phantasiebildern frei ist, vollkommen gereinigt ist er, wenn er von den philosophischen Schlussfolgerungen frei ist.[89]

Die auf diesem Versenkungsweg gewonnene Befreiung von sämtlichen theologischen und philosophischen Denkmodellen, alten wie auch neuen, erhebt uns über jede Form des einengenden, begrifflichen Denkens. Denn letztlich geht es nicht darum, das alte Denken durch ein neues, und sei es wissenschaftlich noch so fundamentiert, zu ersetzen, sondern darum, beides zu übersteigen und auf dem Weg der Mystik zu einem »mystischen Bewusstsein« zu gelangen. Dieser Weg führt aber durch das Sterben des Ego hindurch, angefangen bei den vielen kleinen Toden, die wir auf dem geistigen Weg sterben müssen, bis hin zur Erfahrung des »Mystischen Todes«.

Der mystische Kreuzestod

In der Taufe des »Mystischen Todes« geben wir unser kleines Ich, das Egobewusstsein, in den Tod. Im großen Vertrauen auf die Anwesenheit des göttlichen Seins legen wir uns ganz in die Hände dessen, der die Quelle allen Lebens ist, denn Er ist »das Leben, das allem Leben Leben gibt«.

Hier erfüllt sich die wahre Nachfolge Christi in unserer vollkommenen Hingabe an das Göttliche bis hin zum mystischen Sterben. Denn nur in der sich selbst vergessenden Liebe zu dem, der die Liebe selbst ist, werden wir das ewige Leben haben. In seinem Kommentar zu »Stark wie der Tod ist die Liebe« (Hld 8,6) sagt deshalb Meister Eckhart:

> Da nun die Liebe zu Gott »stark ist wie der Tod«, so tötet auch sie den Menschen in geistigem Sinne und scheidet die Seele auf ihre Weise von dem Leibe; und zwar geschieht dies dann, wenn der Mensch sich völlig hingibt und aufgibt, sich seines Ichs entschlägt und so sich von sich selber scheidet. Dies aber geschieht durch die hohe

> Kraft der Liebe, die so lieblich zu töten weiß. Dieses Sterben ist ein Eingießen des ewigen Lebens.[90]

Diese Worte sind aber nur für den verständlich, der in seiner Sehnsucht nach dem Göttlichen auch wirklich bereit ist, alles spekulativ-dogmatische Denken loszulassen – denn »die Liebe beginnt da, wo das Denken aufhört«, mit anderen Worten, die Liebe beginnt da, wo das Denken überstiegen wird. Und da die göttliche Wirklichkeit außerhalb der Möglichkeit intellektuellen Verstehens, das heißt des Denkens liegt, ist sie etwas Ewiges und somit nicht Raum und Zeit unterworfen. Diejenigen, die mit Gott geeint werden wollen, müssen demzufolge im mystischen Sterbeprozess, im Loslassen aller Dinge, der Zeit entwerden. Denn innerhalb von Raum und Zeit ist Veränderlichkeit und somit Vergänglichkeit. Unvergänglichkeit aber ist Ewigkeit – es ist die göttliche Wirklichkeit selbst. Augustinus drückt es so aus:

> Die Unsterblichkeit ist Gottes Substanz, weil Gott nichts Veränderliches in sich trägt. Dort ist keine Vergangenheit (in dem Sinne), dass es gleichsam nicht mehr sei. Nichts ist Zukunft, als ob es noch nicht sei. Dort ist lediglich: Ist.[91]

Im Lassen alles Zeitlichen aus Liebe zum Ewigen zeigt sich die demütige Liebe, die uns nicht ärmer, sondern in jeder Hinsicht reicher macht. »Wir werden die Fülle des Lebens haben« (Joh 8,12). Der deutsche Mystiker Johannes Tauler hat den Weg des mystischen Sterbens mit folgenden Worten beschrieben:

> Ich sage dir bei der Wahrheit, die Gott selber ist: Sollst du ein Mensch werden nach dem Willen Gottes, so müssen alle Dinge in dir absterben, darum und daran du haftest. Je mehr die Kräfte der Seele abgeschieden und vom Äußeren gereinigt sind, je mehr sie geweitet und bereitet von innen wird, desto mehr wird das Wort Gottes kräftiger, göttlicher und vollkommener. Dies kann man nicht erlangen, denn mit einem gründlichen Sterben seiner selbst. Das Leben kann wahrlich nicht in uns sein, noch uns zuteil werden, wir müssen erst dessen entwerden und es mit einem mystischen Sterben erlangen.[92]

Nur die Allerwenigsten werden zu solch einer hier geforderten konsequenten Loslösung von sich selbst und allen Dingen fähig sein. Fehlt doch den meisten die als unumgängliche Voraussetzung notwendige »Sehnsucht nach unmittelbarer Gotteserfahrung«. Solch eine Sehnsucht nach dem Göttlichen ist aber weit mehr als nur eine gefühlsmäßige Regung eines Wunsches. Vielmehr ist die echte spirituelle Sehnsucht eine Neigung zum Ewigen, die uns ganz ergreift und uns, ohne Berechnung und Rückversicherung, in die Begegnung mit dem Göttlichen wirft.

Dies bedeutet aber – sich in ein unbekanntes Wagnis zu stürzen, ohne zurückzusehen. Ich möchte es eine »höhere Art von Mut« nennen, die uns zu einem Loslassen all unserer vertrauten Vorstellungen und Werte führt, wobei wir uns nicht mehr fragen, was geschehen wird, wenn wir loslassen. Denn solange wir uns noch fragen, wo wir hinfallen, wenn wir loslassen, werden wir niemals mit der Loslösung beginnen und uns stattdessen an unsere altgewohnten Verhaltensmuster und Denkmodelle anklammern.

Spirituelle Sehnsucht ist ein Ruf des Ewigen, eine Sehnsucht aus der Tiefe des Herzens. Es ist der Ruf der Seele nach dem Göttlichen mit der Bereitschaft zum »sich selbst Hingeben«, auf dass die höhere Macht von uns Besitz ergreife. Je intensiver die Sehnsucht, desto größer das sich selbst Ergeben.

Ohne diese Sehnsucht werden wir aber niemals zu jener alles verzehrenden Liebe fähig sein, die in einer absoluten Hingabe an das Göttliche ihren Höhepunkt findet. Diese absolute Hingabe zeigt sich uns in der totalen Selbstentäußerung, der *Kenosis*, wie sie uns Jesus Christus in seiner sich selbst entäußernden Liebe bis zum Tod am Kreuz vorgelebt hat. Ihm in dieser vollkommenen Selbstentäußerung gleich zu werden, ist die unbedingte Voraussetzung zur Vereinigung mit Gott (*unio mystica*). In unserer Loslösung von uns selbst und allem Geschaffenen erleben wir den Kreuzestod äußerlich und innerlich, sinnlich und geistig. Dieser »mystische« Kreuzestod ist die unausweichliche Voraussetzung zur Auferstehung im ewigen Licht.

Der »Große Tod« ist in der Sprache des Zen zugleich die »Große Auferstehung«. Und wenn die Heilige Schrift sagt: »Kein Mensch kann Gott sehen und am Leben bleiben« (Ex 33,20), so ist dies kein Beweis gegen die Möglichkeit der Gottesschau, wie die christliche Theologie meint. Vielmehr ist es die »Aufforderung zum mystischen Sterben«. Diese Ansicht wird auch von dem christlichen Mystiker Bonaventura vertreten, und so sagt er in seinem Kommentar zu Matthäus 5,4:

> Nur der kann es empfangen, der sprechen kann: »Todesbangen hat gewählt meine Seele, und Sterben mein Gebein.« Wer diesen Tod liebt, der mag Gott schauen; denn unbezweifelt ist es wahr, dass »niemand Gott schauen kann und leben«. So lasst uns denn sterben und eintreten in die Finsternis.[93]

Und Angelus Silesius ruft uns zu:

> Stirb, noch ehe du stirbst, damit du nicht
> verdirbst, wenn du stirbst.[94]

Dieses mystische Sterben kann aber kein anderer für uns besorgen, weder ein Buddha noch ein Jesus Christus, genauso wenig wie es den Durst des Lesers stillen wird, wenn ich ein Glas Wasser trinke. Wir befinden uns deshalb in einem verhängnisvollen Irrtum, wenn wir gemäß dem kirchlichen Dogma glauben, Jesus sei an unserer statt am Kreuz zu Golgatha gestorben. Er ist nicht »an unserer statt« am Kreuz gestorben, sondern »um unseretwillen«. Er ging nicht den Weg der vollkommenen Selbstentäußerung, um uns ohne unser eigenes Zutun zu befreien, sondern um uns zu zeigen, wie wir uns »selbst« befreien können. Deshalb sagt er ja auch im Matthäusevangelium:

> Nehmt mein Joch auf euch und lernt von mir.
> (Mt 11,29)

Dies ist ein ganz entscheidender Punkt. Ja, es ist überhaupt der eigentliche Wendepunkt zum klaren Verständnis der Passion Christi. Die Erlösungstat der ewigen göttlichen Weisheit durch ihre Offenbarung in Jesus Christus ist alles andere als eine »pauschale Gesamterlösung«. Denn sonst würde es keinen Sinn ergeben, wenn Jesus sagt:

> Wer mein Jünger sein will, verleugne sich selbst, nehme sein Kreuz auf sich und folge mir nach!
> (Mt 16,24)

Von einer echten Nachfolge werden wir erst dann mit Recht reden können, wenn wir auch bereit sind, das Kreuz anzunehmen und uns selbst abzusterben. Alle heiligen Schriften künden davon, dass der Mensch den »Großen Tod« sterben muss, um die göttliche Wirklichkeit zu erkennen. In diesem Durchbruch durch den Schleier der *Maya* steigt der Mensch empor zu Gott. Er überschreitet die Grenzen von Raum und Zeit und erhebt sich über die dunklen Nebel der Erscheinungen in das klare Licht der Wirklichkeit.

Indem Jesus sein Leben am Kreuz hingibt, führt er diese Bewegung des Aufstiegs des Menschen zu Gott an ihr Ziel; hier vollendet sich die absolute Hingabe des Menschen an Gott, des Kreatürlichen an das Göttliche. Er ließ sein Leben für die Welt und erhob das Selbst in der Auferstehung zum ewigen Leben. Am Kreuz fällt der Herabstieg Gottes mit dem Aufstieg des Menschen zusammen. In der Person Jesu Christi und seinem Tod am Kreuz begegnen sich Gottes liebende Selbsthingabe an uns Menschen und die liebende, sich selbst vergessende Selbsthingabe des Menschen an Gott als »Aufruf zur Nachfolge«. In diesem und nur in diesem Sinne kann sich durch den Kreuztod Jesu Christi die Rettung des Menschen vollenden.

Jesus Christus ging seinen Weg bis zum Tod am Kreuz nicht, damit wir ohne eigenes Zutun vom Leiden befreit werden. Er hat uns mit seinem Selbstopfer nicht aller Eigenverantwortung enthoben und zeigt uns keinen Weg um das eigene mystische Sterben herum, sondern den Weg durch den mystischen Tod hindurch. Er hat uns diesen Weg vorgelebt, vorgelitten und »vorgestorben«. Aus diesem Grund ist er für uns »der Weg«, und so sagt er auch von sich selbst:

> Ich bin der Weg, die Wahrheit und das Leben;
> niemand kommt zum Vater außer durch mich.
> (Joh 14,6)

Der Schlüssel zur Erlösung findet sich in der Entscheidung Christi im Garten Gethsemane. Christus steht hier vor einer Wahl. Ohne äußeren Zwang zum Sterben entscheidet er sich für den Tod. In dieser freiwilligen Hingabe gibt er uns, durch sein heilbringendes Selbstopfer, ein Beispiel zur Nachahmung. Und so sagt auch der Apostel Paulus:

> Zur Vollendung gelangt, ist er für alle, die ihm gehorchen (indem sie ihm nachfolgen und es ihm gleichtun), der Urheber ewigen Heils geworden.
> (Hebr 5,9)

Es gibt für uns keinen anderen Weg zur Befreiung als den, den wir »selbst« gehen. Deshalb ruft uns der christliche Mystiker Angelus Silesius zu:

> Das Kreuz von Golgatha
> kann dich nicht von dem Bösen,
> wo es nicht auch in dir
> wird aufgericht, erlösen.[95]

Die Kraft des Kreuzes offenbart sich uns nur in dem Maße, in dem wir auch bereit sind, »uns selbst« hinzugeben. Die Nachfolgefrage ist somit keine Frage eines äußeren Glaubensbekenntnisses im Sinne eines oberflächlichen für wahr Haltens und auch keine Frage intellektueller Erkenntnis. Vielmehr geht es hierbei um die Notwendigkeit einer aus Liebe bestimmten »Selbsthingabe« und »Selbstentäußerung« gemäß den Worten des Apostels Paulus im Philipperbrief (2,7-8): »Er entäußerte sich, er erniedrigte sich und war gehorsam bis zum Tod – bis zum Tod am Kreuz.«

Solch eine absolute Selbstentäußerung bedeutet aber für den in der Nachfolge Christi Stehenden nichts anderes als eine sich an ihm selbst vollziehende »Selbst-Entleerung« zu Gott hin. Dieser Vollzug der Leere (*Shunyata*) ist aber immer ein Entwerden alles Zeitlich-Kreatürlichen, welches zugleich ein Erfülltwerden von Gott ist. Mit den Worten Meister Eckharts:

> Gott begehrt so sehr danach, dass du deiner kreatürlichen Seinsweise nach aus dir selber ausgehst, als ob seine ganze Seligkeit daran läge. Nun denn,

> lieber Mensch, was schadet es dir, wenn du Gott vergönnst, dass Gott Gott in dir sei?[96]

Das aus mir selber Ausgehen meiner kreatürlichen Seinsweise nach, von dem Eckhart hier spricht, meint aber in letzter Konsequenz nichts anderes als den Tod des Ego. Dieser Vollzug der Selbstlosigkeit bedeutet zugleich Befreiung und Erlösung.

An der Schwelle des mystischen Todes

Solch eine radikal verstandene Christusnachfolge setzt aber eine völlige Hingabe an das Göttliche voraus. Ohne sie gibt es keine Befreiung. Wir können sogar sagen, dass sie nicht nur eine der erforderlichen Voraussetzungen ist, sondern dass sie die primäre, unentbehrliche Geisteshaltung ist.

Hingabe heißt nichts anderes, als alles in sich dem Göttlichen zu weihen, alles, was man ist und hat darzubringen und auf nichts zu bestehen, weder auf eigenen Vorstellungen, Wünschen und Gewohnheiten noch auf sonst etwas. Hingabe an das Göttliche heißt, den eigenen selbst geschaffenen, egobedingten Grenzen zu entsagen und es der allmächtigen Wesenheit des Einen Geistes zu gestatten, von uns Besitz zu ergreifen.

Das leere Gerede über Hingabe, der bloße Gedanke oder ein lauer Wunsch reichen hier niemals aus. Ohne den Antrieb zu einem radikalen und totalen Bewusstseinswandel, indem wir unser Leben ganz dem Göttlichen übergeben, bleiben wir nur in den Netzen unserer weltlichen Verstrickungen gefangen. Unsere lieb gewonnenen Regungen, Tätigkeiten und Gewohnheiten müssen hingegeben, dem Göttlichen dargeboten werden, auf dass alle unsere alten, aufgesetzten Konditionierungen, in Form von eingefleischten Denkmodellen und Verhaltensmustern, im Feuer der göttlichen Liebe verbrennen.

Der wahre Weg zur Befreiung ist Hingabe, vollkommene und »bedingungslose Hingabe« an die göttliche Wirklichkeit. Wahre Hingabe erweitert uns, sie erweitert unsere Fähigkeiten, sie verleiht uns gewaltige Möglichkeiten, die wir niemals von uns aus erreichen könnten. Wir werden eine völlig neue Welt betreten, eine Welt, die wir von uns aus niemals hätten betreten können, wenn wir uns nicht hingegeben hätten. Jedoch muss diese unsere Hingabe so radikal sein, dass sie sich in einem mystischen Sterben unserer selbst vollendet. Dieser mystische Sterbeprozess ist aber alles andere als ein angenehmes Ereignis; denn es ist ein Sterben, das unter Umständen – entsprechend der Tendenz unserer Anklammerung – zu einem furchtbaren inneren Kampf werden kann.

Das Ego sträubt sich bis zum Letzten. In dieser Situation befinden wir uns am Rande eines unübersehbar tiefen Abgrunds, ohne jede Möglichkeit uns festzuhalten. Der christliche Mystiker Gregor von Nyssa gibt uns ein sehr anschauliches Beispiel:

> Stelle dir eine jäh abfallende steile Klippe mit einer vorspringenden Spitze vor, und dann stelle dir vor, was ein Mensch empfände, wenn er seinen

> Fuß an den Rand dieses Abgrundes stellte und – hinunterblickend ins Bodenlose – keinen festen Halt sähe, noch etwas, woran er sich halten könnte. Das, meine ich, erfährt die Seele, wenn sie ihren Halt an materiellen Dingen verlässt (in ihrer Sehnsucht nach dem), was ohne Maß ist und seit Ewigkeit besteht. Denn da ist nichts, woran sie sich halten kann, nicht Ort, nicht Zeit, kein Maß noch sonst etwas; unser Denken kann dorthin nicht vordringen. Darum ist die Seele geblendet – überall gleitet sie ab von dem, was sich nicht fassen lässt, sie ist verwirrt.[97]

Ganz ähnlich wie Gregor von Nyssa beschreibt Zen-Meister Hakuin (18. Jh.) den Vorgang:

> Wenn du dein wahres Wesen erfahren willst, musst du über dem Abgrund die Hände loslassen. Wenn du danach wieder auflebst, triffst du auf das »wahre Selbst«. Was bedeutet es, über dem Abgrund die Hände loslassen? Ein Mann ging in die Irre und gelangte an einen Ort, den noch kein Menschenfuß betreten hatte. Vor ihm gähnte jäh bodenlos der Abgrund. Seine Füße standen auf schlüpfrigem Felsmoos, kein sicherer Halt bot sich. Er konnte weder voranschreiten noch zurückweichen: da wartete nur allein der Tod. Wenig Hilfe bietet ihm ein Rebzweig, den er mit der linken Hand fasst, sein Leben hängt wie an einem Faden. Lässt er plötzlich los, so wird sein dürres Gebein ganz zunichte.

> Genau so ist es mit dem Übenden. Er kommt dahin, dass sein Geist wie tot, sein Wille wie erloschen ist; weite Leere über einem steilen Abgrund, kein Halt für Hände und Füße. Alle Gedanken schwinden, in der Brust steigt heiß die Angst auf. Da plötzlich zerbricht zugleich Geist und Leib. Dieser heißt der Augenblick des Loslassens über dem Abgrund. Die große Freude wallt auf. Dies heißt Wiedergeburt im Reinen Land, dies heißt Schauen der eigenen Natur.[98]

Der unendliche Abgrund des göttlichen Nichts tut sich vor uns auf. Wir stehen an der Schwelle des mystischen Todes. Solch eine Situation am Rande des Abgrunds des göttlichen Nichts wird im Zen-Buddhismus der »Große Zweifel« genannt. Dieser Zweifel meint aber nicht den Zweifel im gewöhnlichen Sinne des Wortes. Vielmehr handelt es sich um eine besondere Art von Zweifel, einen »Zweifel ohne Inhalt«, oder genauer, um eine »reine Empfindung des Zweifels an sich«. Es ist eine Art geistiger Sperre, vor welcher der Strom des Denkens ins Stocken gerät und nicht weiter fließen kann, was zu einem intensiven psychischen Spannungszustand führt. Im Zen verwendet man auch den Ausdruck »Zweifels-Masse« (chin. *It'uan*), weil dieser Bewusstseinszustand einer großen Masse oder Last gleicht, die auf den Geist drückt.

Beim Hören von diesem, dem Erleuchtungserlebnis stets vorausgehenden Zustand des großen Zweifels, mag manch einen das Gefühl von geistigem Unbehagen und Furcht überkommen. Doch ist zu bemerken, dass es nichts Beglückenderes geben kann als das Hindurchbrechen durch die Wahnvorstellung einer raum-zeitlichen, vielheitlichen Welt in die grenzenlose Weite des Einen Geistes. Der Übergang vom großen Zweifel zur »Großen Erleuchtung« ist wie das Zerspringen eines Felsens, in dem man eingeschlossen war. Doch ohne geistige Führung durch einen erleuchteten Meister wird kaum einer zum Erlebnis des großen Zweifels kommen und demzufolge auch nicht zur »Großen Befreiung«. Der große Zweifel ist die unbedingte Voraussetzung zum »Großen Erwachen«. Die alten Zen-Meister sagten:

> Je größer der Zweifel, desto größer das Erwachen. Je kleiner der Zweifel, desto kleiner das Erwachen. Kein Zweifel, kein Erwachen.[99]

In dieser entscheidenden Situation des großen Zweifels hat der Mensch zwar einen großen Teil seiner Geschöpflichkeit aufgegeben, fühlt sich aber vom Göttlichen noch nicht getragen. Und so schrickt er ängstlich zurück, weil er befürchtet, in den bodenlosen Abgrund des Nichts hineingezogen zu werden und nicht mehr zum Leben zurückzukehren. Mit den Worten des chinesischen Zen-Meisters Huang-po:

> Wen es zur Leere hinzieht, der wagt nicht in sie einzugehen, da er Angst hat, in die Leere hinabgeschleudert zu werden, ohne sich an etwas klammern zu können. So starren alle auf den unübersehbar tiefen Abgrund und ziehen sich entsetzt zurück. Sie haben Angst, ihren Geist leer

> zu machen. Sie fürchten, in die Leere zu fallen, und wissen nicht, dass ihr eigener Geist die Leere ist.[100]

Deshalb sagt Zen-Meister Po-chan (17. Jh.):

> Man sollte sich keine Sorgen darüber machen, ob man fähig sein wird, nach dem mystischen Tod wieder ins Leben zurückzukehren; worüber man sich Sorgen machen sollte, ist, ob man aus dem Seinsstand »Leben« hinauszusterben vermag!
> Die alten Meister sagten:
> »Mutig loslassen am Rande der Klippe. Wirf dich selbst in den Abgrund, voll Entschlossenheit und Vertrauen! Erst nach dem Tod beginnen wir zu leben. Das allein ist die Wahrheit.«[101]

Die Notwendigkeit des mystischen Sterbens als unausweichliche Voraussetzung zur mystischen Auferstehung hat Jesus im Symbol des Weizenkorns ausgedrückt:

> Wenn das Weizenkorn nicht in die Erde fällt und stirbt, bleibt es allein; wenn es aber stirbt, bringt es reiche Frucht. Wer an seinem Leben hängt, wird es verlieren; wer aber sein Leben hingibt um meinetwillen, wird es erhalten tausendfältig.
> (Joh 12,24-25)

Ohne ein unerschütterliches, rückhaltloses Vertrauen in die Wirklichkeit des göttlichen Seins werden wir jedoch niemals zu solch einem mystischen Sterben gelangen. Ich meine hier aber nicht ein Pseudo-Vertrauen im

Sinne eines oberflächlichen, intellektuellen für wahr Haltens, sondern jenes Vertrauen, welches eine Gewissheit der Seele ist. Es ist jenes Vertrauen der Seele, das auch dann noch standhaft bleibt, wenn der Glaube schwankt und versagt. Es ist jenes Etwas in uns, das bestehen bleibt, auch wenn kein fester Glaube im Denken vorhanden ist, selbst wenn der Intellekt alles anzweifelt, sich auflehnt und verweigert.

Jeder, der sich ernsthaft auf dem geistigen Weg bemüht, kennt auch die Perioden mehr oder weniger lang anhaltender Enttäuschung, der Dunkelheit und des Unglaubens. Aber zugleich ist da etwas, das uns trägt und weiter besteht trotz allem Zweifel. Es ist jenes Etwas, was uns im Innersten wissen lässt, dass das, dem wir uns zuwandten, dennoch wahr ist. Dieses Vertrauen ist aber nicht das schwankende Vertrauen des Anfängers auf dem geistigen Weg, sondern jenes »Große Vertrauen«, das sich erst entwickeln muss.

Wenn man den geistigen Weg lange und ernsthaft gegangen ist, wird das Vertrauen des Herzens unter allen inneren und äußeren Anfechtungen und Zweifeln bestehen bleiben. Wenn solch ein »rückhaltloses Vertrauen« dem anzweifelnden Intellekt auch als blindes Vertrauen erscheinen mag, so ist es aber dennoch unendlich weiser als jegliche menschliche, logisch denkende Intelligenz.

Je vollständiger unser Vertrauen, unser Bemühen und unsere Hingabe sind, umso mehr werden wir zu einem Einsgerichtetsein auf das Göttliche gelangen, und unser ganzes Leben wird ein Gebet sein, das wir dem Göttlichen weihen.

8
Im Feuer der göttlichen Liebe

Das Licht des göttlichen Dunkels

Das Hineinsterben in den dunklen Abgrund des göttlichen Nichts ist ein Erwachen zur letzten Wirklichkeit. Das Ich entschwindet in der »dunklen Nacht der Sinne und des Geistes«, und das wahre Selbst erlebt seine Auferstehung im ewigen Glanz seines ursprünglichen Seins. Doch erst wenn es völlig Nacht in uns geworden ist, wird sich die innere Sonne erheben. Je größer die Finsternis, umso heller erstrahlt in uns das Licht, von dem das Johannesevangelium sagt:

> Es ist das wahre Licht, das jeden Menschen erleuchtet, der in diese Welt kommt. (Joh 1,9)

Die Stimmen der großen, erleuchteten Mystiker aller Zeiten und Kulturen künden von diesem ungeborenen »göttlichen Licht, das in der Finsternis leuchtet« (Joh 1,5), so sagt auch der Mystiker Jan van Ruysbroeck:

> Im Abgrund der Finsternis, wo der Geist sich selber abgestorben ist, offenbart sich Gott. Denn

> dort scheint und wird geboren ein unbegreifliches »Licht«, das ist der Sohn Gottes, in dem man das ewige Leben schaut.[102]

Und Paulus schreibt im 2. Korintherbrief:

> Denn Gott, der da sprach: »Aus Finsternis soll Licht aufleuchten«, er hat ein helles Licht in unsere Herzen gegeben, damit in uns erstrahle die Erkenntnis der Herrlichkeit Gottes. (2. Kor 4,6)

Solange aber das Vordergründig-Sinnliche der äußeren Erscheinungswelt noch das besondere Interesse des menschlichen Bewusstseins beansprucht und solange noch der Zwang des begrifflich-analytischen Denkens dominiert, ist das innere Licht vom Schleier der *Maya* bedeckt. Deshalb heißt es bei Jan van Ruysbroeck:

> Nimmermehr wirst du die Wahrheit erkennen,
> lebst außen du nur in der Sinnlichkeit Fessel.
> Von innen offenbart sich das klare Erkennen,
> von innen das Licht, das die Finsternis bricht.[103]

Erst in der vollkommenen Entledigung von allen äußeren und inneren Zwängen, das heißt von allen Verhaltensmustern und Denkmodellen, wird sich das unaussprechliche Geheimnis der »Geburt Gottes« im Grunde der Seele offenbaren. Dieser »Seelengrund«, wie ihn die christlichen Mystiker nennen, ist des Menschen Allerinnerstes. Er ist die Mitte unseres Seins, der Ort und Ursprung allen Lebens. Er ist die »Höhle des göttlichen Dunkels«, die *Krypta* des Herzens, in der das Licht unseres wahren Wesens wie die Sonne das ganze Universum erleuchtet und sich uns in der Schau ins Verborgene (*en krypto*) offenbart. Dieser »Tempel des Heiligen Geistes« (1. Kor 6,19) ist die *Guha-Hridaya*, die Herzenshöhle der *Upanishaden*, die, als das innerste Heiligtum des Menschen, in sich das »ungeborene Gotteslicht« birgt. In der *Chandogya Upanishad* heißt es:

> Dieses Licht, das höher als der Himmel leuchtet, über allen Welten, jenseits von allem, höher als die höchsten Welten, es ist dieses selbe Licht, das im Innern des Menschen scheint.[104]

Und in der *Mundaka Upanishad* steht:

> Unendlich groß, göttlich, hell strahlend, von unvorstellbarer Form, feiner als das Feinste leuchtet Er, ferner als das Fernste und doch ganz nah, verborgen in der Höhle des Herzens.[105]

Im unendlichen Dunkel der Höhle des Herzens wird uns, im Augenblick des mystischen Todes, der Aufgang des inneren Lichts zuteil. Von dem plötzlichen Aufbruch des göttlichen Lichtes als des Ewigen in der menschlichen Seele kündet der griechische Philosoph und Mystiker Plotin im dritten Jahrhundert:

> Wenn der Geist dieses göttliche Licht schaut, so weiss man nicht, woher es erschien, ob von innen oder von außen; und wenn es verschwunden

> ist, so kann man sagen: Es war innen und doch auch wieder nicht innen. Allein man muss nicht forschen nach dem Woher, denn ein Woher gibt es hier nicht. Es kommt nicht herbei, noch verschwindet es irgendwo, es erscheint uns nur oder erscheint nicht.
> Man darf ihm daher nicht nachjagen, sondern muss ruhig warten, bis es erscheint, und sich selbst zum Schauen vorbereiten, wie auch das Auge den Aufgang der Sonne erwartet, die über dem Horizont erscheint.[106]

Es ist der große Augenblick des Erwachens aus dem Traum einer vermeintlichen, vielheitlichen Welt. In diesem Durchbruch zu unserem wahren Sein werden wir emporgehoben über alle Begrenzungen eines erdgebundenen, menschlichen Daseins, und wir erleben unseren Aufstieg über die dunklen Nebel der Erscheinungen in das klare Licht der Wirklichkeit. Der »Große Tod«, wie es im Zen heißt, offenbart sich als die »Große Auferstehung«.

So paradox es sich auch anhören mag, der Tod und Untergang des sich anklammernden kleinen Ichs ist der Aufgang des wahren Selbst. Was wir im Vorgang des mystischen Todes als ein Sterben empfinden, offenbart sich als der Übergang vom Tod zum Leben. Wir erleben unsere Auferstehung aus dem Reich der Toten.

Die Mauer des Todes ist durchbrochen, »der Vorhang im Tempel zerreißt und gibt das Allerheiligste frei«. Im großen Vertrauen auf die göttliche Verheißung erfüllt sich uns das Wort Christi:

> Ich bin das Licht der Welt. Wer mir nachfolgt, wird nicht in der Finsternis wandeln, sondern wird das Licht des ewigen Lebens haben. (Joh 8,12)

> Wer mein Wort hört und dem glaubt, der mich gesandt hat, hat das ewige Leben und ist aus dem Tod ins Leben hinübergegangen. (Joh 5,24)

Im Geheimnis der Höhle des Herzens offenbart sich uns das Licht, nach dem wir alle suchen. Den Sinnen und dem Verstand unzugänglich, ist es die strahlende Herrlichkeit des *Atman*, unser wahres Selbst. Es ist das ewige göttliche Licht, von dem der Prolog des Johannesevangeliums kündet:

> Und das Licht leuchtet in der Finsternis, doch die Finsternis hat es nicht erkannt. (Joh 1,5)

> Das wahre Licht, das jeden Menschen erleuchtet, kam in die Welt. Er war in der Welt, und die Welt ist durch ihn geworden, aber die Welt erkannte ihn nicht. Er kam in sein Eigentum, aber die Seinen nahmen ihn nicht auf. Allen aber, die ihn aufnahmen, gab er Macht, Kinder Gottes zu werden. (Joh 1,9–12)

Das von den großen Mystikern aller Zeiten und Zonen erfahrene Licht, von dem das Johannesevangelium hier kündet, ist aber nicht nur ein Symbol für das Göttliche, wie so manche christlichen Theologen heute verkünden, sondern unmittelbare »Selbstoffenbarung«

der göttlichen Wirklichkeit. So sagt auch der christliche Mystiker Bonaventura:

> Im eigentlichen Sinne ist Gott Licht, und je näher wir ihm kommen, umso mehr empfangen wir von seinem Lichte.[107]

Alle zur Wirklichkeit des überraum-zeitlichen Seins Erwachten erfuhren Gott als Licht. Wo immer ein Mensch in der vollkommenen Entäußerung seiner selbst aus Liebe zum Göttlichen bereit ist, »Ihn« aufzunehmen, wird ihm die Erfahrung des göttlichen Lichts zuteil. Symeon der Theologe (auch Symeon der Jüngere genannt), der wohl bedeutendste Mystiker der griechischen Kirche, war einer von denen, die bereit waren, in der Entäußerung ihrer selbst und aller Dinge, Gott aufzunehmen:

> Und als ich Ihn mühevoll suchte, erfuhr ich jählings, dass er in mir selber war, und in der Mitte meines Herzens erschien er wie das Licht der runden Sonnenscheibe. Er ist in mir gegenwärtig und strahlt in meinem Herzen, kleidet mich in unsterblichen Glanz und durchleuchtet alle meine Glieder, umfängt mich ganz, und von seiner Liebe und Schönheit sättige ich mich und werde erfüllt von der Wonne und Süßigkeit der Gottheit. Teilhaft werde ich des Lichts, teilhaft der Herrlichkeit, und mein Angesicht leuchtet wie dessen, der mein Begehren ist. Eins sind ich und er geworden.[108]

Mehr als einmal erlebte der christliche Mystiker Symeon der Theologe diese Einswerdung mit dem göttlichen Licht:

> Wieder strahlt mir das Licht, wieder schaue ich das Licht in Klarheit. Wieder öffnet es den Himmel, wieder vertreibt es die Nacht. Wieder offenbart es alles. Wieder führt es mich von allen sichtbaren, den Sinnen zugehörigen Dingen weg, reißt mich von ihnen los. Und der über allen Himmeln ist, kehrt wieder in meinem Geiste ein, ohne den Himmel zu verlassen.
> Und das Licht hebt mich über alles empor, und ich, der ich inmitten aller Dinge war, stehe außer allem, ich weiß nicht, ob nicht auch außer dem Leibe. Nun bin ich in Wahrheit ganz da, wo »Er« Licht allein und einfach ist.[109]

Das Erwachen zur letzten Wirklichkeit

Im allerinnersten Raum des Herzens leuchtet das ewige göttliche Licht als »das inwendige Gottesreich«, von dem Jesus Christus sagt:

> Das Reich Gottes kommt nicht so, dass man es an äußerlichen Zeichen erkennen könnte. Man kann auch nicht sagen: Siehe, hier ist es! Oder: Dort ist es! Denn sehet: Das Reich Gottes ist inwendig in euch. (Lk 17, 20-21)

Hier wird der Mensch, jenseits aller Formen und Benennungen, eins mit dem unendlichen Mysterium, indem er hineinstirbt in die Fülle des göttlichen Nichts, die ihn umfängt und mit sich eint. Der Erfahrende, die Erfahrung und das Erfahrene sind vollkommen eins, mit den Worten Meister Eckharts:

> Soll Gott gesehen werden, so muss es in einem Lichte geschehen, das Gott selbst ist. Das Auge, in dem ich Gott sehe, das ist dasselbe Auge, darin mich Gott sieht – mein Auge und Gottes Auge ist ein Auge und ein Erkennen und ein Lieben.[110]

Wenn die göttliche Wirklichkeit in das Leben des sich nach Gott Sehnenden hineinbricht, kann der Mensch, der zur Erleuchtungserfahrung gelangt ist, nicht mehr sagen: »Ich habe Gott gesehen«, er kann noch nicht einmal sagen: »Ich war eins mit Gott«, sondern nur noch: »Ich und Gott sind eins.« Jedoch, um die Außergewöhnlichkeit dieser Aussage wissend, müssen wir mit den Worten Meister Eckharts hinzufügen:

> Solange der Mensch dieser Wahrheit nicht gleicht, solange kann er diese Rede nicht verstehen. Denn es ist eine unverhüllte Wahrheit, die da gekommen ist aus dem Herzen Gottes unmittelbar.[111]

Der Durchbruch zur letzten Wirklichkeit liegt aber stets jenseits allen menschlichen Vermögens. Die Erleuchtungserfahrung bleibt immer ein göttliches Gnadengeschenk. Als solches wird es jedenfalls von denen empfunden, die von diesem Erlebnis geradezu überwältigt und im Innersten ihres Seins getroffen sind, so dass sie erkennen: Der Verursacher des Erlebens bin nicht ich selbst; vielmehr bin ich der Ergriffene.

Eines Tages ganz plötzlich und vollkommen unerwartet widerfuhr mir der mystische Tod, indem ich alle Phasen des Sterbeprozesses durchlebte. Ich tauchte ein in ein geheimnisvolles Dunkel, und mein Körper löste sich langsam auf und floss auseinander, als bestünde er aus abermillionen kleinen Sandkörnern. Ich wurde emporgehoben über mich selbst hinaus in ein grenzenloses strahlend weißes Licht von überirdischer Schönheit, heller als tausend Sonnen. In diesem Licht erkenne ich mich als das Licht selbst, als das, was ich schon immer war, bin und sein werde. Ungeboren und unsterblich bin ich – grenzenloses Sein, absolutes Bewusstsein und unendliche Glückseligkeit.

Der Durchbruch zum göttlichen Licht vollzieht sich meist in Augenblicken außerhalb der Meditationszeiten und stets dann, wenn er nicht erwartet wird. Manch einem wird das Erleuchtungserlebnis zum Beispiel ganz plötzlich und unverhofft während dem ruhigen Verweilen in der freien Natur zuteil. Gerade in dem Augenblick, wo wir entspannt loslassen oder besser – selbst Loslassen geworden sind – wird uns alles geschenkt. Einem anderen geschieht es beim Lesen einer Schriftstelle eines religiösen Textes, obwohl er denselben Vers vorher vielleicht schon viele Male gelesen hatte, ohne dass sich sein geistiges Auge dabei auftat. Oft ist es nur ein Geräusch, eine Glocke, ein Vogelruf, der Anblick eines vom Baum fallenden Blattes oder einer Blume, was zum unmittelbaren Anstoß werden kann. So wurde für den Zen-Dichter Basho (17. Jh.), als er am alten Teich des Klostergartens saß, ein Ton, hervorgerufen durch den Sprung eines Frosches ins Wasser, zum Auslöser des großen Erwachens. Hierauf schrieb er sein berühmtes Zen-Gedicht (*Haiku*):

> Alter Teich, vom Sprung eines Fröschleins
> im Wasser ein Ton – Plumps![112]

Imakita Kôsen, ein bekannter japanischer Zen-Meister aus der Meiji-Zeit (19. Jh.), gibt folgende eindrückliche Beschreibung seiner Erleuchtungserfahrung:

> Eines Nachts war plötzlich die Grenze von früher und später wie abgeschnitten. Ich trat in den herrlichen Bereich des Wunderbaren ein. Ich befand mich auf dem Grunde des »Großen Todes«, keine Wahrnehmung vom Sein aller Dinge und vom Ich blieb. Ich fühlte nur, wie in meinem Leib ein Geist sich zu zehntausend Welten ausweitete und ein unendlicher Lichtglanz entstand.[113]

Der Mensch wird von der Erleuchtung ganz plötzlich wie vom Blitz getroffen, und er erkennt und weiß: »Das ist es!« So versichert auch Meister Eckhart im »Traktat vom Edlen Menschen«:

> Wenn der Geist Gott schaut, so weiß und erkennt er sich auch als erkennend, das heißt: er erkennt, dass er Gott schaut und erkennt.[114]

Der Mensch, dem im Augenblick des kosmischen Erwachens die Gnade der Gottesschau zuteil wird, erlebt das, was der unbekannte Autor der »Wolke des Nichtwissens« aus dem 14. Jahrhundert in folgenden Worten zum Ausdruck bringt:

> Du wirst Gott, deine Liebe erkennen. Geistig eins geworden in der göttlichen Liebe, wirst du ihn unverhüllt in der innersten Tiefe deines Geistes erfahren. Völlig entblößt von dir selbst und einzig in ihn gehüllt, wirst du Ihn erkennen, wie er ist, ohne Trübung. In der klaren Lauterkeit deines ungeteilten Herzens, fern vom Wahn und Irrtum, wirst du spüren und erkennen, fern jeder Täuschung, dass es Gott selbst ist, so wie er wirklich ist.
> Der Mensch, der Gott in seiner unverhüllten Wirklichkeit schaut und erfährt, ist darin von Gott so wenig getrennt wie Gott selbst von seinem eigenen Sein aufgrund seiner Natur.[115]

Wer im Augenblick der Erleuchtung zur geburt- und todlosen Wirklichkeit seines wahren Selbst erwacht, in dem ist die Geburt Gottes im Grunde der Seele zum »lebendigen Ereignis« geworden.

Er erfährt sich als ungeboren und unsterblich und als die Ewigkeit selbst. Er ist zum Ursprung allen Seins zurückgekehrt, zur unversiegbaren Quelle allen Lebens. Er erfährt sich als die Ursache seiner selbst und aller Dinge, so dass er mit dem größten deutschen Mystiker Meister Eckhart ausrufen kann:

> In meiner ewigen Geburt wurden alle Dinge geboren, und ich war Ursache meiner selbst und aller Dinge; und hätte ich gewollt, so wäre weder ich noch wären alle Dinge; wäre aber ich nicht, so wäre auch Gott nicht: dass Gott »Gott« ist, dafür bin ich die Ursache; wäre ich nicht, so wäre Gott nicht Gott.[116]

Mit den Worten des griechischen Philosphen und Mystikers Plotin:

> Der Geist erkennt sich als verklärt und des göttlichen Lichtes voll, oder vielmehr als das reine, schwerelose göttliche Licht selbst. Er erkennt sich als vergottet, als der immer gewesene, jetzt aber hervorstrahlende Gott, der sich wieder verdunkelt, wenn die Seele in die Schwere der Stoffgebundenheit zurücksinkt.
> Wenn die Seele diese Stufe erreicht hat, und selbst zu Licht geworden ist, bedarf sie keines geistigen Führers mehr, sondern schreitet von da aus von selbst weiter empor zum höchsten Gipfel kosmischen Bewusstseins: der Gottunmittelbarkeit.[117]

Die Erleuchtungserfahrung ist der große Wendepunkt im Leben eines Menschen, der die ganze Persönlichkeit erfasst. Er erlebt eine »geistige Revolution«, eine gewaltige »Feuertaufe des Geistes«, die sein ganzes Leben vollkommen verändert. Er hat in dieser Neugeburt einen neuen völlig anderen Seinzustand erreicht, der seine ganze Sichtweise und sein Verhalten zum Leben verändert. Dieses Erleben beeinflusst aber nicht nur seine geistige Einstellung zu den Dingen; es verwandelt vielmehr sein ganzes Bewusstsein zu einem tiefen und allumfassenden Verständnis des Lebens.

Der durch seine Erleuchtungserfahrung zu seinem wahren göttlichen Selbst Erwachte verwirklicht aus diesem Erleben heraus Sinn und Zweck seines eigentlichen Menschseins.

9
Die Suche nach dem Meister

Voraussetzungen zur wahren Schülerschaft

Als Buddha gefragt wurde, wie viele Menschen nach seiner Ansicht ihr Leben wirklich sinnvoll verbringen, da kratzte er etwas Dreck vom Boden auf und, auf den Staub unter seinem Fingernagel deutend, sagte er: »Nur so wenige – gemessen am Gewicht der Welt.«[118]

Für viele Menschen bedeutet diese Aussage Buddhas eine starke Übertreibung. Es ist jedoch eine unleugbare Tatsache, dass die meisten von uns ihre wertvolle Zeit nur damit verbringen, ihr ganzes Leben lang nutzlosen, weltlichen Dingen nachzujagen. Viele führen zwar nach außen hin ein spirituelles Leben, bleiben jedoch am Äußeren hängen, so dass die eigentliche Substanz der geistigen Wahrheiten nicht in ihr Herz dringen kann.

Hinzu kommt noch, dass man sich auf dem geistigen Weg allzu schnell berufen fühlt, seine halbverdauten Wahrheiten an andere weiterzugeben, und viele unterliegen dann hierbei der Versuchung, sich als geistige Lehrer feiern zu lassen. Man ist zum Kampf gegen das Ego angetreten, um es bei anderen zu bekämpfen, lässt aber das eigene dabei unbehelligt. Und manch einer unterliegt dem Trugschluss, dem eigenen Ichwahn endgültig den Garaus gemacht zu haben, ohne zu erkennen, dass das Ego durch die Hintertür schon wieder hereingekommen ist, nur – jetzt doppelt so groß wie vorher.

Der listige alte Fuchs – das Ego – gibt sich spirituell und erscheint nun als ein Engel des Lichts. Das Ich behält hierbei die Oberhand, so dass der geistig Suchende den geistigen Lehren nur das entnimmt, was seinen persönlichen Zwecken entgegenkommt, und alles andere zurückweist. Denn was geistig Strebende selten erkennen, ist, dass die Sehnsucht nach geistiger Wahrheit und spiritueller Irrtum zur selben Zeit vorhanden sein können und – meistens auch sind.

Oft ist es so, dass der geistig Suchende, wenn er zum Meister kommt, unbewusst nach Bestätigung dessen strebt, was er bereits zu wissen glaubt. Er kommt zum Meister voll von seinen eigenen Vorstellungen darüber, was der rechte Weg und was die Wahrheit sei und wie ein wahrer Meister sich zu verhalten hat.

Viele kommen mit einem vorgefassten Bild von einem vollkommen heilig wirkenden, Weihrauch umwölkten Wesen und sind dann enttäuscht, wenn der Meister diesem Bild nicht entspricht und nach außen vollkommen normal wirkt. Weil das, was sie in der direkten Begegnung sehen, mit ihren Vorstellungen nicht übereinstimmt, sprechen sie dem Meister schließlich ab, überhaupt ein Meister zu sein. Viele Schüler wenden sich dann vom Meister ab, wenn sie zwangsläufig entdecken, dass er seine kleinen menschlichen Schwächen hat, weil sie ihn in seiner ganzen meisterlichen Großartigkeit nicht als einen Menschen akzeptieren können.

Wer sich heute ohne kompetenten Meister (und die sind seltener, als man denkt) auf den geistigen Weg macht, befindet sich in der gleichen Lage wie ein im tiefen Dschungel Verirrter. Ohne die Hilfe eines kundigen Führers, der alle Gefahren auf dem Weg und alle Möglichkeiten, sie zu umgehen und zu überwinden, kennt, ist er rettungslos verloren. Wenn jedoch ein Mensch, der bisher im Ego-Weltbewusstsein sein Genügen fand, sein Gefangensein im Bedingten und somit Vergänglichen erkennt, ist der Augenblick zur Wende gekommen. Hat er einmal die Sehnsucht nach Befreiung verspürt, die sich in seinem Innersten regt, und spürt er in sich das immer stärker werdende Verlangen, diesem inneren Impuls zu folgen, dann ist in ihm der Schülergeist erwacht. Doch wirklich Schüler wird er erst dann, wenn er zur dienenden Hingabe bereit ist und als Antwort auf das innere Angesprochensein nach dem Meister sucht, der ihn führt.

Die Suche nach dem Meister ist die Suche nach der Wahrheit und somit nach dem Sinn des Lebens. Wer den Meister sucht, sucht den geistigen Führer, in dem der Sinn des Lebens als die Wirklichkeit des göttlichen Seins durchscheint. Im Sinne der buddhistischen Lehre ist der Meister die Kristallisation des Segens aller Buddhas, er ist die Manifestation aller erleuchteten Meister. Sich ihm anzuvertrauen bedeutet, sich ihnen allen anzuvertrauen.

Nur indem der Schüler seinen Meister als lebendigen wahrhaftigen Buddha erkennt, kann der geistige Transformationsprozess, der ihn selbst in ein erleuchtetes Wesen verwandelt, stattfinden und sich vollenden.

Dass ein vollkommener Meister und ein alle notwendigen Voraussetzungen zur vollkommenen Schülerschaft erfüllender Schüler aufeinander treffen, ist äußerst selten. Doch wenn der Schüler großes Vertrauen und wirkliche Hingabe hat, dann ist es nicht so schwerwiegend, wenn sein intellektuelles Verständnis noch nicht so groß ist. In diesem Fall wird der Meister den Schüler nicht abweisen, sondern ihn unterstützen, die für seine spirituelle Entwicklung notwendigen Qualitäten zu entwickeln. Wesentlich ist, dass der Schüler sich dem Meister als dem geistigen Führer, der ihm hilft, den Ozean des *Samsara* zu überqueren, rückhaltlos anvertraut. Deshalb sagt man im tibetischen Buddhismus, das Ausmaß an Vertrauen und der Hingabe des Schülers seien entscheidend für seine Verwirklichung.

> Besitzt der Schüler vortreffliche Hingabe, wird seine Verwirklichung vortrefflich sein. Bei mittlerer Hingabe wird sie mittelmäßig sein, und bei gewöhnlicher Hingabe wird seine Verwirklichung ebenfalls gewöhnlich sein. Ohne Hingabe entsteht überhaupt keine Verwirklichung.[119]

Vollkommene Hingabe ist unumgänglich, aber sie ist niemals kritiklose Anbetung. Wahre Hingabe fordert von uns nicht das Aufgeben unseres gesunden Unterscheidungsvermögens. Sie fordert von uns auch nicht das Aufgeben unserer Eigenverantwortung. Wirkliche Hingabe ist vielmehr fest gegründet in einer höheren Empfänglichkeit für das tiefe mystische Geheimnis, das sich durch den Meister zum Ausdruck bringt.

Solch eine wahre Hingabe, die zugleich intelligent und geerdet ist, ist fest verwurzelt in einer ehrfurchtsvollen Dankbarkeit gegenüber dem göttlichen Sein.

Wer mit dieser erforderlichen Bereitschaft zur Hingabe sich nach geistiger Führung sehnt, ist bereit für das Erscheinen des Meisters. Wer ernsthaft nach der Wahrheit sucht, die sich in seinem Innersten regt, ist bereits schon auf dem Weg, da er, allein schon dadurch, dass er sucht, viel mehr vom wahren Leben erahnt als jeder andere, der nicht sucht. Wer sucht, wird finden – oder besser, »er wird gefunden«. Denn dieses Finden besteht nicht in einem wie auch immer gearteten Sehen und Ergreifen des Gesuchten. Vielmehr handelt es sich hier um ein, durch vollkommenes Loslassen bedingtes, sich Findenlassen.

Es ist wie in dem Beispiel von dem Mann, der eine ganze Nacht lang vor der Tür zum Paradies steht und mit aller Gewalt dagegendrückt; doch erst, als er erschöpft niedersinkt, öffnet sie sich, indem sie nach »außen« aufgeht. Er hatte mit seinem eifrigen Suchen die Tür nur noch fester zugedrückt.

Wenn wir das Tor zur Wirklichkeit durchschreiten wollen, müssen wir alles los- und zurücklassen: alles, was uns stützt und Sicherheit gibt, jede religiöse Vorstellung und alle Verhaltensmuster und Denkmodelle, all das muss zurückgelassen werden. Der Meister wird stets alles in Frage stellen und mit dem Schwert der Erkenntnis alles zerschlagen, woran der Schüler sich in verzweifelter Hilflosigkeit wie ein Ertrinkender anzuklammern sucht. Jedes Mittel ist dem Meister hierbei recht, das Ego und mit ihm seine Trugwelt aus den

Angeln zu heben und dem Schüler den Boden der Scheinrealität unter den Füßen wegzuziehen. Der Schüler erlebt, wie sich unter seinen Füßen ein gähnender Abgrund öffnet, der ihm die größte Furcht seines Lebens einflößt.

Es ist die Urangst vor der totalen Vernichtung des Ego, die mit dem Gefühl völliger Isolation und schrecklicher Unsicherheit einhergeht. In dieser Situation wird der Schüler in seiner Not sich an seinem geliebten Ego festhalten und in seinen sicheren Schoß zurückkehren. Anders wird es sein, wenn seine Entschlossenheit, sich ganz auf die göttliche Wahrheit und somit auf den Meister einzulassen, unerschütterlich ist. In diesem Fall wird er die Prüfung durchstehen, bis das Licht des göttlichen Geistes den Abgrund mit seinem strahlenden Glanz erhellt.

Alles, woran der Schüler glaubt und was seinem Ego Sicherheit verleiht, wird vom Meister abgelehnt. Woran er festhält, wird weggeschlagen. Worauf er sich etwas einbildet, wird lächerlich gemacht. Was er zu sein meint, wird als Trugbild aufgedeckt. Was er zu wissen glaubt, wird als glatter Unsinn abgetan.

Als ich zum erstenmal meinem Meister Soji Enku begegnete, fragte er mich, was ich schon alles über Zen gelesen hätte. Nicht ohne Stolz erwiderte ich: »Fast alles, was in deutscher Sprache erschienen ist.« Kaum hatte ich ausgesprochen, fuhr der Meister von seinem Sitz hoch und lief, die Hände mehrmals über dem Kopf zusammenschlagend, durch die Meditationshalle. Dabei rief er aus: »Habt ihr das gehört, das ist ja furchtbar!« Dann blieb er vor mir stehen und sagte, wobei er mich freundlich anschaute, mit ruhiger Stimme: »Lieber junger Freund, ich möchte dir einen guten und ernstgemeinten Rat geben – nimm deine ganzen Bücher und schmeiße sie alle zum Fenster hinaus. Das Anhäufen von philosophischem Wissen hat wirklich nichts mit Zen zu tun und ist ihm geradezu entgegengesetzt. Zen ist eine reine Erfahrungsangelegenheit und keine Sache intellektueller Erklärungen.«

Da Zen durch und durch praxisbezogen ist, hält es nicht viel von intellektuellen Erklärungen. Nirgends wurden so viele Bücher zerrissen und verbrannt wie im Zen, und so stellt das Verhalten meines Meisters keinen Sonderfall dar.

Die Notwendigkeit des Meisters

Man hat mich des Öfteren gefragt, ob es denn wirklich unbedingt notwendig sei, einen spirituellen Meister zu haben. Meine Antwort darauf ist ein deutliches: »Ja!« In den *Tantras* des *Vajrayana*-Buddhismus sagt Buddha, dass keiner der Buddhas, die jemals Erleuchtung erlangten, dies ohne einen Meister geschafft hat, und dass von den vielen Wesen, die alle noch in dieser Welt erscheinen werden, nicht einer die Erleuchtung ohne Unterstützung durch einen Meister erlangen wird.

Es ist aber auch eine Tatsache, dass es trotz allem einige, wenn auch sehr wenige Menschen gab, die auch ohne intensive Schulung bei einem Meister eine Erleuchtungserfahrung hatten. Der bekannteste Fall ist der des indischen Weisen Ramana Maharshi:

Eines Tages, als er allein in seinem Zimmer saß, packte ihn jäh und unzweideutig der Schrecken des Todes. Er fühlte, er müsse jetzt sterben. Dieses Gefühl überkam ihn mit unbeschreiblicher Macht. Sein ganzes Bewusstsein war nur noch von dem einen Gedanken erfüllt: »Ich bewege mich zum Tod hin. Ich muss jetzt sterben.« Er legte sich auf den Boden und schaute zu, wie das Leben aus seinem Körper entwich. Sehen, Hören, Riechen und Tastgefühl verschwanden. Seine Gedanken und das Bewusstsein eines Ichs lösten sich auf. Und gerade in diesem Augenblick, wo sein Bewusstsein verschwand, strahlte mit unbeschreiblicher Macht und befreiender Klarheit das Bewusstsein seines wahren Selbst auf.

Solche Fälle sind jedoch äußerst selten. Und wenn man bedenkt, dass selbst unter denjenigen, die unter der Anleitung eines kompetenten Meisters sich ernsthaft bemühen, nur die Allerwenigsten zur Erleuchtungserfahrung kommen, sollte man nicht vorschnell auf die Hilfe eines Meisters verzichten wollen. Deshalb sagt Zen-Meister Huang-po:

> Wenn du nicht einem Lehrer begegnest, der alle Welten zu überschreiten vermag, wirst du die Arzneien der buddhistischen Lehre weiter vergebens schlucken.[120]

Es besteht natürlich auch die wunderbare Möglichkeit, dass der Leser ein solch göttlich begnadeter Sonderfall wie der eben angeführte Ramana Maharshi ist – doch sollte man sich da nicht allzu sicher sein. Vielmehr müssen wir davon ausgehen, dass der Nichteingeweihte, nur nach Büchern Arbeitende, ebenso wie der sich nach unqualifizierten Lehrern Ausrichtende, stets in großer Gefahr ist, sich immer mehr in das Rankengewirr seines eigenen Wähnens und Meinens zu verstricken.

Wenn aber ein Suchender das Glück hat, von einem wirklichen Meister als Schüler angenommen zu werden, so hat er zwei notwendige Grundvoraussetzungen zu erfüllen, und zwar: »absolutes Vertrauen und Hingabe«. Ohne diese wird eine rechte Führung von Seiten des Meisters nicht möglich sein. Die Hingabe an einen Meister darf jedoch niemals zur intellektuellen Lähmung und Knechtschaft des Schülers führen – sonst hätte Christus nicht gesagt:

> Ihr werdet die Wahrheit erkennen, und die Wahrheit wird euch frei machen. (Joh 8,32)

Unbedingt notwendige Voraussetzung ist aber auch, dass der Schüler den »Anfängergeist« bewahrt, ausgehend von der Einsicht, dass er, wenn er auch noch soviel weiß, im Grunde doch nichts weiß. Überhaupt ist die eigentliche und wesentliche Voraussetzung, wenn man einen Meister aufsucht, sich geistig leer zu machen, sonst könnte es einem ähnlich ergehen wie dem Gelehrten im folgenden Beispiel:

Einst besuchte ein philosophischer Gelehrter, der stolz auf sein Wissen war, einen Zen-Meister in seinem Kloster, um sich bei ihm als Schüler zu bewerben.

Er wurde in das Zimmer des Meisters geführt, und als er sich niedergesetzt hatte, wurde ihm, wie dies der Brauch war, von einem Dienst tuenden Mönch Tee gebracht. Nachdem der Mönch den Tee eingeschenkt hatte, befahl ihm der Meister, noch mehr Tee in die Schale des Besuchers zu gießen.

Dieser tat, wie ihm geheißen war. Als er anhalten wollte, bestand der Meister darauf: »Mehr! Mehr!« Die Schale war jetzt bis zum Rand gefüllt, und der Mönch konnte keinen Tee mehr hineingießen. Dennoch verlangte der Meister voller Strenge: »Mehr! Mehr!« Der gelehrte Gast konnte sich nicht länger zurückhalten und rief: »Die Schale läuft über, Meister!« Dieser erwiderte voller Ruhe: »Wenn man etwas von anderen lernen will, muss man sich zuerst leer machen; sonst gibt es keinen Raum, in den die Unterweisung eingehen kann.«[121]

Die Gefahr der Pseudo-Gurus

Bei allem, was ein wirklicher Meister sagt oder tut, bleibt er vollkommen natürlich und stets er selbst. Er gibt sich so, wie er ist, ohne Schablone und frei von jedem Verhaltensmuster. Dem in das Rankengewirr von allen möglichen Denkmodellen und Verhaltensmustern verstrickten Schüler aber erscheint das von allen Bindungen freie Wesen des Meisters verwirrend und in jeder Hinsicht geheimnisvoll. In dieser Undurchschaubarkeit des Verhaltens eines wirklichen Meisters liegt auch zugleich die Versuchung und große Gelegenheit für den falschen Guru, den »selbsternannten Meister«

aus eigenen Gnaden. Gerade weil der Ruf nach dem echten Meister heute so laut und drängend ertönt, fällt es dem falschen Guru leicht, sich ins Spiel zu bringen. Aus diesem Grund ist die Zahl der selbsternannten Meister heute so unübersehbar groß. Mein Meister Soji Enku sagte des Öfteren, mit einem versteckten Lächeln: »Ich wundere mich sehr, dass überhaupt noch Schüler zu mir kommen, da doch heute jeder gleich Meister sein will.«

In unserer Zeit hat eine mit allen Mitteln der Reklame geschäftsmäßig betriebene »Invasion von Pseudo-Gurus« östlicher und westlicher Herkunft die ehrliche Arbeit von ernsthaften Meistern in Gefahr gebracht, missverstanden und abgelehnt zu werden. Wer sich heute zur Schülerschaft bei einem spirituellen Meister entschlossen hat, der kann nicht nachdrücklich genug davor gewarnt werden, sich bedenkenlos und allzu vorschnell irgendeinem geistigen Führer anzuvertrauen. Er sollte genau prüfen, ob er es wirklich wagen kann, sein Schicksal ganz in die Hände gerade dieses Menschen zu legen, und sich an die warnenden Worte Jesu erinnern:

> Gebt acht, dass man euch nicht irreführt! Denn viele werden unter meinem Namen auftreten und sagen: »Ich bin es«, und: »Die Zeit ist da.« – Lauft ihnen nicht nach! (Lk 21,8)

> Denn es wird mancher falsche Messias und mancher falsche Prophet auftreten, und sie werden Zeichen und Wunder tun. (Mk 13,22)

In der Neigung zur vorbehaltlosen Verehrung eines Gurus lauern immer große Gefahren. Und diese sind umso größer, je mehr sich der »Guru-Kult« in einer Zeit des »euphorischen New-Age-Geflimmers« ausbreitet. Überall entstehen religiöse Sekten, und man sieht esoterische Gruppen wie Pilze aus dem Boden schießen. In dieser Situation geistiger Verwirrung (aber auch ehrlicher geistiger Suche) sehen clevere Manager und Psychologen im Gewand des Guru ihre Zeit für gekommen, sich des spirituellen Marktes anzunehmen. Aus dem Osten strömen in Scharen Gurus herbei, und der geistig Unvorbereitete kann nicht wissen, ob er es mit einem echten Meister oder mit einem Scharlatan zu tun hat.

Doch welchen Maßstab zur Beurteilung eines Meisters sollte er hier anwenden? Wer hier glaubt, sich allein auf seinen gesunden Menschenverstand verlassen zu können, wird in der Begegnung mit einem wirklichen Meister schnell eines Besseren belehrt werden. Die offensichtliche Einschränkung in der Beurteilung zeigt sich allein schon dadurch, dass es vollkommen unmöglich ist, unter Anwendung von logisch-dualistischen Kriterien eines weltlichen Bewusstseins jemanden zu beurteilen, der sich vollkommen außerhalb dieses Bewusstseins befindet.

In den letzten Jahren wurden von mehreren anerkannten Institutionen verschiedene Listen mit einer Reihe von vorgegebenen Kriterien für die Bewertung spiritueller Lehrer und Meister erstellt. Wie ernst gemeint und hilfreich solche Bemühungen auch sein mögen, so sollte man jedoch nicht an der Tatsache vorbeisehen, dass es schon immer wahre große Meister gab und gibt, die in diese vorgegebene Schablone der Beurteilung nicht hineinpassen.

Den wahren Meister für einen selbst zu finden und zu wissen, wann man ihn gefunden hat, ist weniger eine Sache des dualistisch-unterscheidenden Sachverstandes als vielmehr das Wirken von karmischen Kräften und nicht zuletzt der göttlichen Gnade. Auch sollten wir nicht vergessen, dass nur der echte Schüler den echten und somit wahren Meister findet. Das heißt, dass derjenige, der keinen wahren Meister finden kann, noch nicht für den wirklichen Meister bereit ist. Die Frage, was ein wahrer Meister ist, läßt sich nicht beantworten, ohne gleichzeitig die eigene Qualifikation als Schüler zu überdenken.

Ein Hauptgrund für die Schwierigkeit, einen echten von einem falschen Meister zu unterscheiden, ist hierbei – dass das Ego den echten Meister nicht finden will. Denn der wirkliche Meister ist der größte Feind des Ego. Er stellt für das Ego eine direkte Bedrohung dar, die letzten Endes dessen Tod sicherstellen wird. Oft ist es deshalb so, dass der spirituell Suchende sich eher dem falschen Meister zuwendet, der dem Ego Anerkennung und Gültigkeit verleiht.

Der wesentliche Grundsatz eines wirklichen Meisters entspricht jedoch stets dem Ausspruch des taoistischen Altmeisters Lao-tse im Tao Te King (Kap. 81):

> Wahre Worte sind nicht schön.
> Schöne Worte sind nicht wahr.

Die große Mehrheit der Gurus besteht aus »blinden Blindenführern«, die ihr leichtgläubiges Publikum täuschen, unterstützt durch einen Schwarm von Jüngern, deren Aufgabe darin besteht, den Ruhm und die Heiligkeit ihres Herrn und Meisters lautstark zu verkünden. Wer sich einem Meister anvertrauen möchte, sollte daher sehr vorsichtig sein und sich nichts vorgaukeln lassen. Es gibt und gab schon immer unerleuchtete spirituelle Führer, die die Fähigkeit besaßen, ihren blinden Anhängern mit vielen Tricks allerlei wunderliche Erfahrungen zu verschaffen. Doch letztlich ist dieser ganze Hokuspokus ohne jeden Wert und für die gesunde spirituelle Entwicklung mehr hinderlich als förderlich. Es sind Dinge, die das Ego des Schülers eher noch verstärken anstatt es abzubauen. Das solcherart gestärkte Ego mit seinem ganzen Ballast von Begierden, Selbstbestätigungen und Pseudo-Wissen ist letztlich zu dick und die Tür zum Reich Gottes zu klein. Deshalb sagt Jesus ja auch:

> Eher geht ein Kamel durch ein Nadelöhr, als dass ein Reicher in das Himmelreich gelangt. (Mt 19,24)

Aber nicht nur im Westen, auch im Osten sind die wahren Meister nur sehr selten zu finden. Mein Meister Soji Enku verglich einmal die Suche nach einem wahren Meister mit »der Suche nach der Nadel im Heuhaufen«. Wenn man heutzutage einen »wirklichen« Zen-Meister in Japan finden wolle, dann sei Japan, das Land des Zen, ein armes Land.

Auch Koun Yamada, ein japanischer Zen-Meister unserer Zeit, schrieb in seinem Vorwort zum *Mumonkan*:

> Es ist keine Übertreibung zu behaupten, dass Zen in Japan dabei ist, vollkommen auszusterben. Manche Leute mögen denken, ich übertreibe mit dieser Aussage, aber – so traurig es ist – dies ist die tatsächliche Situation.[122]

Aber nicht erst in unserer Zeit herrscht dieser große Mangel an wirklichen Meistern. Der chinesische Zen-Meister Joshu klagte schon im neunten Jahrhundert:

> Wie sieht es heute aus? Die sogenannten Meister sind nichts als lauter Seitenzweige und Ranken, die sich immer weiter vom Stamm entfernen. Jede neue Generation lässt die großen Weisen ein Stück weiter hinter sich, und so ist jede Generation schlimmer als die vorangehende. Heutzutage sehe ich großmäulige, unerfahrene Leute, die öffentlich auftreten und über allerlei Dinge gelehrte Vorträge halten. Sie nehmen Gaben entgegen und lassen sich von ihren Anhängern verehren. Sie erklären sich selbst zu würdigen Meistern und nennen andere ihre Schüler.[123]

Diese Worte hätten auch heute gesprochen werden können. Denn es gab schon immer Menschen, die vorgaben, andere zur Erleuchtung zu führen, obwohl sie selbst im Dunkeln tappten. Wer jedoch nicht die Wirklichkeit seines wahren Wesens erfahren hat und sich noch im Zustand der Verdunklung des Geistes befindet, wird niemals fähig sein, einen anderen aus der Finsternis zu befreien. Nur ein wirklich Erleuchteter ist fähig, einen anderen auf dem Weg zur Befreiung zu führen, andernfalls ist die Gefahr der Täuschung sehr groß, da ein unerleuchteter Lehrer noch selbst in der geistigen Verblendung gefangen ist. Wer sich anmaßt, ohne eigene Erleuchtungserfahrung über Erleuchtung zu reden, ist wie ein Blindgeborener, der versucht, Michelangelos Deckengemälde der Sixtinischen Kapelle zu beschreiben. In der *Katha Upanishad* lesen wir:

> Das was das Selbst in Wahrheit ist, kann nicht begriffen werden, wenn ein Nichtwissender es lehrt; denn Meinungen darüber, die nicht auf eigener Erkenntnis fußen, weichen voneinander ab. Tiefer als das Tiefste ist dieses Selbst und jenseits aller Logik. Belehrt von einem Lehrer, der an sich erfahren hat, dass *Brahman* und Selbst eines sind, entsagt der Schüler eitler Theorie und fasst die Wahrheit.[124]

Wenn aber – wie es ja meistens der Fall ist – ein noch nicht erwachter geistiger Lehrer ehrlich bestrebt ist, einem Anfänger auf dem geistigen Weg die Grundkenntnisse des spirituellen Lebens zu vermitteln soweit er sie selbst verstanden hat –, so ist dagegen nichts einzuwenden. Für einen Anfänger ist es ohnehin nicht nötig, einen verwirklichten Meister als Lehrer zu haben. Für die ersten Schritte auf dem spirituellen Weg kann zum Beispiel durchaus ein gewöhnlicher spiritueller Freund der erste Lehrer sein. Denn manch einer, der sich jahrelang auf dem geistigen Weg befindet, besitzt die Fähigkeit, einen Menschen tief zu beeindrucken und zu inspirieren, so dass dieser sein Leben ändert und sich von seinem bisherigen materialistisch-weltlichen Lebensstil lossagt. Doch obwohl solch ein geistiger Lehrer einem Schüler eine große geistige Hilfe sein kann, wird er ihn nicht zu einer hohen spirituellen Stufe führen können. Er wird ihn bestenfalls nur so weit bringen können, wie er selbst gekommen ist. Voraussetzung hierzu ist aber immer, dass er sich niemals als Wissender oder gar als Meister aufspielt.

Die folgende Geschichte wird häufig von Zen-Buddhisten erzählt, um betrügerische »Pseudo-Meister«, die kein wirkliches Zen-Verständnis besitzen, lächerlich zu machen, und um unwissende Schüler, die solch einem Zen-Imitator folgen, zu verspotten.

Ein Mönch nannte sich selbst »Meister des Schweigens«. In Wirklichkeit war er aber ein Scharlatan, der kein echtes Zen-Verständnis besaß. Um sein Pseudo-Zen zu verkaufen, begleiteten ihn zwei wortgewandte Mönche, die für ihn Fragen beantworteten; aber er selbst äußerte niemals ein Wort, um so sein unergründliches Zen-Schweigen zu dokumentieren.

Eines Tages, als seine zwei Begleiter abwesend waren, kam ein Wandermönch zu ihm und fragte ihn: »Was ist der Buddha?« Nicht wissend, was er tun oder antworten sollte, blickte der Befragte in seiner Verwirrung nur verzweifelt nach allen Richtungen, nach Ost und West, hierhin und dorthin, um zu sehen, ob nicht die zwei Mönche, die sonst immer für ihn sprachen, zurückkämen. Der Mönch schien befriedigt und fragte weiter: »Meister, was ist der *Dharma* (heilige Lehre)?«

Der Befragte konnte auch darauf keine Antwort finden, so blickte er zuerst zur Decke empor und dann auf den Fußboden nieder, Himmel und Hölle zu Hilfe rufend. Darauf stellte der Mönch eine dritte Frage: »Was ist der *Sangha* (heilige Gemeinde)?« Nun konnte der Meister des Schweigens nichts mehr tun als seine Augen schließen.

Zuletzt fragte der Mönch: »Was ist ein Segen?« Voll Verzweiflung breitete der falsche Meister seine Hände aus als Zeichen, dass er sich ergebe. Der Mönch war tief befriedigt von diesem Gespräch. Er verließ den falschen Meister und setzte seine Reise fort. Auf dem Weg begegnete er den zwei Gehilfen und berichtete ihnen begeistert, was für ein erleuchtetes Wesen dieser Meister des Schweigens sei. »Ich fragte ihn, was Buddha wäre. Er wandte unmittelbar darauf sein Gesicht nach Osten und dann nach Westen, womit er sagte, dass die Menschen immer nach Buddha Ausschau halten, hier und dort, Buddha aber weder im Osten noch im Westen wirklich gefunden werden kann.

Dann fragte ich ihn, was der *Dharma* sei. Als Antwort blickte er nach oben und nach unten, was bedeutete, dass die Wahrheit des *Dharma* ein Ganzes ist, das nicht seinesgleichen hat, und keinen Unterschied zwischen hoch und niedrig kennt.

Als Antwort auf meine Frage, was der *Sangha* wäre, schloss er einfach die Augen und sagte nichts. Das war ein Hinweis auf den berühmten Ausspruch: Wenn einer seine Augen schließen und in den Tiefen der von Wolken verhüllten Berge fest schlafen kann, dann ist er ein großer Mönch. Als Antwort auf meine letzte Frage, was der Segen sei, streckte er seine Arme aus und zeigte seine beiden Hände. Das bedeutete, dass seine helfenden Hände die Lebewesen mit seinen Segnungen lenken und führen werden. Was für ein erleuchteter Meister! Wie tief ist seine Lehre.«[125]

Bewusstseinszerstörung durch Drogen

Die allergrößte Gefahr für den geistig Suchenden stellt jene Art von falschen Gurus dar, die mit pseudowissenschaftlicher Begründung das Erreichen von höheren Bewusstseinszuständen durch Drogen propagieren. Vertraut mit dem Vokabular östlicher Mystik, singen diese blinden Blindenführer ihr »Loblied der Psychodrogen« und verbreiten eifrig die Kunde, dass es eine Abkürzung auf dem geistigen Weg gibt. Das von den Gurus dieser Szene (meistens Psychologen) angewandte Hauptmittel ist »Lysergsäure-Diäthylamid«, kurz »LSD« genannt. Aber auch andere Psychodrogen, wie Haschisch, Marihuana, Heroin, Meskalin etc., kommen hierbei zur Anwendung.

Besonders gefährlich ist die Einstiegsdroge Haschisch. Die große Gefahr liegt darin, dass sie von ihren Benutzern als nicht suchtgefährdend und harmlos dargestellt wird. Doch zeigt die traurige Bilanz, dass die meisten Drogenabhängigen durch das unbewusste Verlangen nach Steigerung mit der Einstiegsdroge Haschisch begonnen haben. Ein wesentliches, charakteristisches Merkmal für den esoterischen Drogenkult ist, dass diese Psychodrogen immer nur von denjenigen als Hintertür zur Erleuchtung gepriesen werden, denen jegliche meditative Erfahrung auf der Basis einer ernsthaften geistigen Schulung fehlt. Aber woher kommt nun diese euphorische Begeisterung für solch einen chemisch herbeigeführten Stumpfsinn angenehmer Halluzinationen und Verzückungen?

Ein wesentlicher Faktor ist hier, dass diese Chemikalien das Bewusstsein aus seinen Fesseln, die es gewöhnlich binden, lösen. Das in seiner Egozentrierung gefangene und isolierte Bewusstsein erfährt sich plötzlich von seinen Begrenzungen befreit – das Ergebnis ist ein Zustand der Ekstase und der erweiterten Wahrnehmung. Diese Erfahrung der Ausweitung eines urteilslosen und verworrenen Bewusstseins wird von den Drogengurus als »Bewusstseinserweiterung« bezeichnet und mit dem Erreichen einer höheren Dimension gleichgestellt.

Es muss hier aber mit Nachdruck gesagt werden, dass solch eine Bewusstseinserweiterung nicht das Geringste mit einer mystischen Erfahrung, im Sinne einer geistigen Verwirklichung, zu tun hat. Eine Bewusstseinserweiterung ist eine Erweiterung unserer Wahrnehmung, so wie eine Brille eine Erweiterung unserer visuellen Wahrnehmung oder ein Hörapparat die Erweiterung unserer akustischen Wahrnehmung darstellt, und weiter nichts.

Eine durch Psychodrogen hervorgerufene Bewusstseinserweiterung kann niemals mehr als ein erdgebundenes Phänomen einer verfeinerten sinnlichen Wahrnehmung sein und hat mit einer im Vorgang der Meditation verwirklichten »Bewusstseins-Intensivierung« nichts zu tun. In seinem bekannten Werk »Ursprung und Gegenwart« schreibt Jean Gebser:

> Das quantitative Mehr darf niemals das Bewusstsein betreffen, das stets qualitativen Charakter hat. Allein deshalb betonen wir, dass wir nicht in den Fehler verfallen dürfen, eine Bewusstseinserweiterung anzustreben, sondern dass es auf eine Bewusstseins-Intensivierung ankommt. Eine bloße Bewusstseinserweiterung führt uns unweigerlich nur in den Untergang.[126]

Eine bloße Erweiterung des Bewusstseins kann daher niemals das Ziel unseres geistigen Weges sein, für den es keine Abkürzung gibt, weder in Form von »*Samadhi*-Pfeifenrauch« noch in Form von »*Satori*-Kapseln«. Die veränderten Bewusstseinszustände, die durch Psychodrogen herbeigeführt werden, sind letztlich nichts weiter als Störungen des normalen Bewusstseins. Es mögen noch so schöne Lichter aufblitzen mit einer Steigerung in der Wahrnehmung von Farben und Formen und einem Gefühl von freudiger Ekstase; all dies kann aber niemals mehr sein als die verschiedenen Auswirkungen einer Bewusstseinsstörung. Diese fiebrig-überreizten Erlebnisse bieten keinen Zugang zu einer höheren Bewusstseinsebene und haben mit einer Transzendenz-Erfahrung nicht das Geringste zu tun, so dass wir hier höchstens von einer »Pseudo-Transzendenz« reden können.

Auf den ersten Blick scheinen Drogenerlebnisse und mystische Erfahrungen einiges gemeinsam zu haben – dies ist jedoch ein gewaltiger Irrtum, denn zwischen den Erfahrungen eines Drogenkonsumenten und denjenigen eines Mystikers liegen Welten. Hinzu kommt, dass die durch Drogen herbeigeführten Bewusstseinsveränderungen eine Abstumpfung des Intellekts bewirken, die Folge ist ein teilweiser, wenn nicht sogar vollkommener Verlust der Kritikfähigkeit bis zum totalen Persönlichkeitsverfall.

Wer Psychodrogen gebraucht, opfert seine Fähigkeit zur spirituellen Entwicklung durch das Zerstören jener psychisch-physischen Kraftquellen, von denen sein inneres Wachstum abhängt. Da er sich selbst einer absteigenden Spirale ausgeliefert hat, sinkt er immer tiefer ab, und je tiefer er absinkt, desto unmöglicher wird es für ihn, wieder aufzusteigen; und irgendwann geht die Kraft zu einem Wiederaufstieg völlig verloren. Hierzu sagt der buddhistische Gelehrte Lama Anagarika Govinda:

> LSD (und andere Psychodrogen) führen vom Zentrum weg in eine sich immer weiter zersplitternde Vielheit beziehungsloser und dauernd wechselnder Projektionen unbewusster Inhalte, die zwar unsere Aufmerksamkeit momentan fesseln, uns aber nur zu völlig passiven Zuschauern eines ohne unser Zutun abrollenden psychischen Filmstreifens machen, der je länger wir uns ihm hingeben, desto sicherer alle schöpferischen Impulse, die unserer eigenen Anstrengung zu ihrer Verwirklichung bedürfen, erstickt.[127]

So mancher von denen, die versucht haben, das geheime Tor zur Wirklichkeit mit chemischen Mitteln aufzubrechen, hat dies mit Geisteskrankheit oder Gehirnschäden bezahlen müssen. In den psychiatrischen Anstalten gibt es etliche »Drogen-Pseudomystiker«, die der festen Überzeugung waren, eine geheime Hintertür zur Erleuchtung gefunden zu haben.

Diejenigen, die versuchen in den Bereich des universellen Tiefenbewusstseins zu gelangen, ohne die dazu erforderliche spirituelle Reife zu haben, werden von ihm verschlungen und verlieren sich im Chaos ihres selbst verursachten Wahnsinns.

10
Meditation und gelebte Spiritualität

Verantwortungsvolle Meditationsschulung

In den letzten Jahrzehnten ist Meditation bei uns im Westen groß in Mode gekommen, und der Büchermarkt Europas und Amerikas wurde von einer gewaltigen Flut von marktschreierisch angepriesenen, esoterischen Schriften überschwemmt. Eine kritische Prüfung lässt jedoch sofort erkennen, dass die Autoren der meisten dieser Schriften selbst keine wirkliche Erfahrung von dem haben, was zu lehren sie sich anmaßen.

Wer das Glück hat, unter einem wirklich kompetenten Meister Meditation zu üben, wird bald erfahren, dass wirkliche Meditationspraxis »nicht« durch Bücher erlernt werden kann.

Es ist, und dies sei hier mit Nachdruck versichert, keinesfalls ungefährlich, Meditationsanweisungen verallgemeinernd an Menschen zu geben, mit denen man nicht in persönlichem Kontakt steht und über deren geistige Verfassung und seelische Einstellung man nichts weiß. Denn, da es auf jeder Stufe der geistigen Schulung möglich ist, dass der Schüler ungewöhnliche Erfahrungen macht und mit gewaltigen psychisch-physischen Kräften konfrontiert wird, kann er in sehr bedenkliche Verwirrungszustände geraten, die nur von einem erfahrenen Meister rechtzeitig erkannt und abgefangen werden können, was aber nur im direkten Kontakt möglich ist. Meditationsschulung sollte daher nur in einer verantwortungsbewussten direkten Lehrer-Schüler-Beziehung erfolgen. Aus diesem Grund wurde in diesem Buch auch darauf verzichtet, nähere Meditationsanweisungen zu geben.

Eine der größten Gefahren für den geistig Strebenden bilden die selbsternannten Gurus, die mit pseudowissenschaftlicher Begründung auftreten und vorgeben, die geheimen Techniken östlicher Meditationspraktiken zu vermitteln. Dies geschieht häufig in einer Art Masseneinweihung vor einer meistens nur unzureichend vorbereiteten Menge von Interessenten, die dann im »Do-it-yourself-Verfahren« mit diesen Techniken experimentieren.

Vielen abendländischen Meditationsbeflissenen ist es zur Gewohnheit geworden, von einer »esoterischen Masseneinweihung« zur nächsten zu eilen, um möglichst viele Meditationstechniken zu sammeln, anstatt eine einzige ernsthaft unter der Anleitung eines wirklich kompetenten Lehrers über einen längeren Zeitraum zu üben. Voller Unruhe sind sie stets bestrebt, immer wieder neue spirituelle Praktiken kennen zu lernen und zu versuchen. Sie sind nicht fähig, für längere Zeit bei einer einzigen Übung zu verweilen. Hier wird Quantität mit Qualität verwechselt, und viele fühlen sich auch noch berufen, ihr halbverdautes Wissen zu verbreiten, und lassen sich dann schnell als spirituelle Lehrer feiern, obwohl sie selbst kaum wirklich ernsthaft begonnen haben, richtig zu praktizieren.

Wer ernsthaft an Meditation interessiert ist, sollte einen kompetenten Lehrer aufsuchen und sich von ihm unterweisen lassen. Doch Vorsicht! Die wenigsten Meditationslehrer sind wirklich seriös und am allerwenigsten diejenigen, die sich selbst anbieten und einen raschen Erfolg versprechen. Denn, so wie es ohne regelmäßiges, jahrelanges Üben nicht möglich ist, ein Klaviervirtuose zu werden, so wird es auch nicht möglich sein, ohne regelmäßige Übung zum eigentlichen Bereich der Meditation zu gelangen. Beharrlichkeit ist dabei das Entscheidende.

Falsche Meditationspraxis

Viele Ausübende der Meditation, vorwiegend der Zen-Meditation (*Zazen*), sind der Ansicht, das höchste Ziel ihrer Übung bestünde darin, die Gedanken anzuhalten und ihren Geist zu unterdrücken. Diese Art des Übens stellt aber eine »falsche Praxis« dar und hat mit wahrer Zen-Meditation, wie sie von den alten chinesischen Zen-Meistern gepflegt wurde, nichts zu tun. Der chinesische Zen-Meister Ying-an sagte deshalb bereits im 12. Jahrhundert:

> Es gibt im Zen eine Sorte Menschen, die an der stumpfen Stille haften und von nichts Notiz nehmen. Nachdem sie die Speisen der Mönchsgemeinschaft zu sich genommen und sich satt

> gefressen haben, sitzen sie wie tot da und warten auf die Erleuchtung. Dies ist wirklich eine höchst beklagenswerte Krankheit.[128]

Viele Meditierende lassen sich täuschen und halten diese »Falle der toten Leere« für das Erreichen eines höheren Versenkungszustandes. Die Folge davon ist, dass sie oft und lange in dieser Verfassung verweilen, ohne zu erkennen, wie sie vom Zauber der Gemütsstille eingelullt werden, so dass ihr geistiges Gewahrsein immer dumpfer und träger wird, anstatt an Schärfe zu gewinnen. Schließlich wird ihre Konzentrationskraft soweit abnehmen, dass das Gewahrsein des Geistes völlig verloren geht. Mit großer Klarheit hat der 1950 verstorbene indische *Vedanta*-Meister Ramana Maharshi auf diesen verhängnisvollen Irrtum hingewiesen:

> *Mano-laya* bedeutet das Einschmelzen des Gemüts, das ist eine zeitweise Stille des Bewusstseins. *Mano-laya* ist eine Sammlung, die den Strom des Bewusstseins zeitweilig anhält. Sobald die Sammlung aufhört, strömen Vorstellungen, alte und neue, wie gewöhnlich ein, und wenn dieses zeitweilige Einlullen auch tausend Jahre währt, so führt es niemals zu dem, was man unter Erlösung oder dem Freisein von Geburt und Tod versteht. Man muss daher bei seinen Übungen auf der Hut sein, sonst läuft man Gefahr, in einen langen Trancezustand oder traumlosen tiefen Yoga-Schlaf (*yoga-nidra*) zu verfallen. Wenn dann für den Übenden kein geeigneter Führer da ist,

> kommt es dazu, dass er sich selber betrügt und einem Wahnbild von Erlösung zur Beute fällt. Die meisten, die diese Übung betreiben, fassen den Unterschied nicht, der zwischen zeitweiliger Einlullung des Gemüts und dauernder Zerstörung der wahnhaften Vorstellungen besteht.[129]

Der Zweck wahrer Meditation ist also keinesfalls das Erreichen eines Zustandes vollkommener Ruhe und Entspannung mit völlig leerem Geist und auch kein gewaltsames Anhalten und Unterdrücken des Geistes. Wahre Meditation ist ein »Transparentwerden zur Transzendenz«, ein Hinreifen zu einer Geistesverfassung des ständigen Gewahrwerdens der Anwesenheit der uns umgreifenden und erfüllenden Ganzheit der göttlichen Wirklichkeit. In diesem Erleben löst sich die Gegensätzlichkeit von *Samsara* und *Nirvana* auf. Man wird immer mehr zu jener Erfahrung hinreifen, in der dieselbe Welt, die dem weltgebundenen Durchschnittsbewusstsein als *Samsara* erscheint, als die allumfassende Ganzheit, als die »Fülle des göttlichen Seins« erfahren wird. Mit den Worten des Apostels Paulus: »Alles ist erfüllt von der Fülle Gottes!« (Eph 3,19)

Dieser von allen Begrenzungen freie, hellklare Bewusstseinszustand kann aber weder durch Verneinung erreicht werden (zum Beispiel durch Askese) noch durch einseitige Betonung irgendwelcher spiritueller Praktiken wie zum Beispiel dem Sitzen in Versenkung, dem *Zazen*. Wenn wir auf dem geistigen Weg weiter kommen wollen, dürfen wir nirgends stehen bleiben, weder bei philosophischen Einsichten noch bei religiösen Zeichen und Symbolen oder bei einem einseitigen Beharren auf einem »Sitzdogmatismus«.

Unter den Anhängern der japanischen *Soto*-Zen-Schule gibt es viele Sitzdogmatiker, die der Ansicht sind, die Erleuchtungserfahrung (*Satori*) sei überflüssig, da alle Menschen ohnehin schon von Natur aus Buddhas seien. Nach ihrer Ansicht ist es ausreichend, so häufig und lange wie möglich mit einwandfreier, kerzengerader Körperhaltung und gekreuzten Beinen, allen Schmerzen zum Trotz, auf dem Meditationskissen zu sitzen. Die Freude an der Einfachheit und Handlichkeit dieser Methode muss hier jedoch gedämpft werden. Denn dieses Zen der Bein- und Rückenschmerzen hat mit dem ursprünglichen Zen der alten Meister recht wenig zu tun.

Es geschieht sehr oft, dass fanatische Vertreter solch eines einseitigen Sitzdogmatismus sich hier auf Bodhidharma, den ersten Patriarchen des Zen, berufen. Bodhidharma lebte im sechsten Jahrhundert in China und soll der Überlieferung nach neun Jahre lang vor einer Wand sitzend ununterbrochen in Versenkung gesessen haben. Dass es sich bei diesem Bild aber mehr um eine symbolische Bedeutung mit tiefem geistigen Hintergrund im Sinne des Zen handelt, zeigt sich nicht zuletzt auch durch das Zen-Wort: »Zutritt nur durch die Wand«. Dieses kraftvolle Zen-Wort gebraucht man im Zen manchmal für den Ausdruck *Mumonkan*, was so viel heißt wie: »Torloses Tor«.

Doch hören wir, was Bodhidharma selbst von jenen einseitigen Sitzdogmatikern hält. In einer Sammlung seiner Texte »Die Lehre des Zen« sagt er:

> Wenn ein Mensch sein wahres Wesen erkennt, fällt alles Anhaften weg. Wenn ihr den Weg wirklich finden wollt, dürft ihr an nichts festhalten. Die Leute, die ihr Wesen nicht realisieren und meinen, der *Dharma* bestehe im tagelangen Sitzen ohne Schlaf, ziehen den *Dharma* in den Dreck.[130]

Vertreter einer Lehre, die behaupten, stundenlanges Sitzen auf dem Sitzkissen mit einwandfreier, aufrechter Körperhaltung sei mit der Verwirklichung des Geistes und somit mit der Erleuchtung gleichzusetzen, verkünden genau genommen ein totes Zen. Es hat nichts zu tun mit dem ursprünglichen, lebendigen Zen der großen chinesischen Chan-Meister, wie Hui-neng, Po-shan, Ma-tsu, Huang-po, Lin-chi, Joshu und all der anderen.

Diese Großmeister des Zen maßen den Meditationsübungen keinen übermäßigen oder gar ausschließlichen Wert bei. Ihnen ging es vielmehr darum, die unmittelbare intuitive Erkenntnis durch »direktes Zeigen« (*chih-chih*) zu erwecken. Dies geschah oft durch Demonstration anstelle von wortreichen Erklärungen in Form von Frage und Antwort (*Wen-ta*, jap. *Mondo*). Deshalb nannte Hui-neng, der sechste Patriarch des Zen in China, seine Methode »Die Schule der plötzlichen Erleuchtung«.

Erleuchtung ist und bleibt die Grundlage des echten, unverfälschten Zen, und wer an eine Verwirklichung im Zen ohne Erleuchtung glaubt, unterliegt einem verhängnisvollen Irrtum. Er ist genauso weit vom Ziel entfernt wie jene, die meinen, durch ausschließlich intellektuelle, philosophische Studien oder stumpfes Herunterleiern von heiligen Texten zur Befreiung zu gelangen. Der chinesische Zen-Meister Ta-hui sagt hierzu:

> Es gibt eine schlimme Form des Irrtums, welche heutzutage unter den Nachfolgern des Zen vorherrscht – sowohl bei Laien wie auch bei Mönchen. Indem sie blind den Anweisungen der *Sutras* folgen, wo es von Worten heißt, dass sie einen am Verstehen der Wahrheit des Zen und des Buddhismus hindern, verwerfen sie alle in Worte gefassten Lehren und sitzen einfach mit geschlossenen Augen und gekreuzten Beinen, als wären sie völlig tot. Nur wenn dieses falsche Verhalten überwunden wird, gibt es eine Möglichkeit für wirklichen Fortschritt im Zen.[131]

Ein tibetischer Meister, Longchenpa (14. Jh), drückt dies mit noch krasseren Worten aus:

> Ach, jene Leute, die vorgeben zu meditieren, aber jeden Gedanken unterdrücken, sind stolz auf einen begrifflosen Zustand, den sie absolute Gegenwart nennen oder Vergegenwärtigung der Erleuchtung, und indem sie so stumpf wie das Vieh sind, verwandeln sie sich in Tiere durch Gewöhnung an diesen Zustand. Selbst wenn es nicht so weit kommt, so haben sie trotzdem keine Gelegenheit, sich vom *Samsara* (dem Kreislauf von Geburt und Tod) zu befreien, selbst wenn sie über die Sphäre der Formlosigkeit meditieren.

> Darum, je hochmütiger sie werden, desto mehr sind sie vom Dämon ihres eigenen Systems besessen.[132]

Zen im Alltag

Nach all dem, was im Vorausgegangenen über Meditation gesagt wurde, sollten wir jedoch nicht vergessen, dass das Sitzen in Versenkung zwar von allen großen Meistern des Zen praktiziert wurde – nur mit dem einen Unterschied, dass dies nicht ihre ausschließliche Beschäftigung war, wie das bei so manchen der heutigen Zen-Praktizierenden üblich geworden ist.

Es geht vielmehr darum, klarzustellen, dass das dogmatische Beharren auf einer einseitigen Meditationspraxis des stundenlangen Sitzens mit gekreuzten Beinen dem Geist des ursprünglichen Zen nicht nur nicht entspricht, sondern ihm sogar zutiefst entgegengesetzt ist. Zen-Meister Ta-hui sagt deshalb:

> In alten Zeiten konnten die Menschen in *Dhyana* (Meditation) versinken, während sie ihr Land bestellten, Pfirsiche pflückten oder sonst mit irgendetwas beschäftigt waren. Niemals ging es darum, längere Zeit untätig zu sitzen und sich damit zu beschäftigen, die eigenen Gedanken gewaltsam zu unterdrücken.
> Bedeutet *Dhyana* das Anhalten der Gedanken? Wenn dem so wäre, würde das ein verfälschtes *Dhyana* sein, nicht das *Dhyana* des Zen.[133]

Ebenso wie es notwendig ist, Gefühl durch Wissen auszugleichen und klares Denken durch Intuition, ist es notwendig, das Sitzen in Versenkung durch aktives Handeln auszugleichen. Es geht im Zen – zumindest in der ursprünglichen chinesischen Form des *Chan* – darum, die einmal in der Stille der Versenkung gewonnene geistige Konzentrationskraft und das Ruhen im inneren Seinsgrund mitten in der Bewegung, mitten in der Welt zu erfahren. Hierzu sagt Bodhidharma:

> Bewegung und Ruhe transzendieren ist die tiefste Meditation. Die gewöhnlichen Menschen verharren in der Bewegung, während die Arhats nur stillsitzen. Doch die Meditation der Buddhas geht über beides hinaus. Menschen, die zu diesem Verstehen gelangen, befreien sich selbst von allen Bindungen. Das ist die Kraft von starkem Zen.[134]

Hier wird in unmissverständlicher Weise ausgesprochen, dass die wahre Praxis des Zen nichts mit dem bloßen Sitzen mit gekreuzten Beinen zu tun hat. Zen hat nichts mit Quietismus und auch nichts mit Beruhigung des Bewusstseins zu tun. Es ist vielmehr eine aktive Meditation mitten im Leben und somit auch während der Tätigkeit. Die Praxis der Zen-Meditation besteht daher nicht nur im stillen Sitzen auf dem Meditationskissen, sondern darüber hinaus in der Art und Weise, alles bewusst zu vollziehen und in allem ganz gegenwärtig zu sein. Wir können daher sagen, dass Zen-Meditation sich in allem zeigt: im Sitzen, Gehen, Stehen und im Liegen – bei allem was man tut. Die Frucht des Zen wird da erlangt, wo wir im Vergessen unserer selbst und aller Dinge aus dem Bereich der Übung und des zielstrebigen Wollens heraustreten; dort wo wir alle Übung weit hinter uns lassen.

Die Meditation muss jeden Augenblick des Lebens umfassen, jeder Augenblick muss zu einer lebendigen Erfahrung des göttlichen Seins werden, in allem was man tut, denkt oder spricht. Dies wollen uns auch die folgenden Worte Meister Eckharts sagen:

> Der Mensch soll Gott in allen Dingen ergreifen und soll sein Gemüt daran gewöhnen, Gott allzeit gegenwärtig zu haben, im Gemüt, im Streben und in der Liebe. Achte darauf, wie du deinem Gott zugekehrt bist, wenn du in der Kirche bist oder in der Klosterzelle: Diese selbe Gestimmtheit behalte und trage sie unter die Menge und in die Unruhe und in die Ungleichheit.
> Du sollst in allen Werken ein gleich bleibendes Gemüt haben und ein gleichmäßiges Vertrauen und eine gleichmäßige Liebe zu deinem Gott. Wärest du so gleichmütig, so würde dich niemand hindern, deinen Gott allzeit gegenwärtig zu haben.[135]

Es besteht kein Zweifel, dass diese Weise der »aktiven Meditation« der sicherste und schnellste Weg ist, um zu einer »ständigen« Erfahrung der allumfassenden und alldurchdringenden Wirklichkeit des göttlichen Seins, unserem allereigensten »Selbst-Sein« zu gelangen. (Ausführlich habe ich über dieses Thema in meinem Buch »Der große Zen-Weg« geschrieben.)

Die Zeiten der Meditation in der Stille sind nützlich und unbedingt notwendig als Vorbereitung zur aktiven Meditation, und ohne eine regelmäßige und ernsthafte Meditationsübung wird man wohl kaum dahin kommen. Doch sollte man sich stets bewusst sein, dass der Sinn einer Übung immer darin besteht, die Übung zu übersteigen, um zu einer Seinsverfassung jenseits aller Übung zu gelangen.

Nicht umsonst heißt es im Zen: »Der Weg und das Ziel sind eins.« Dies bedeutet, jede Unterscheidung von Weg und Ziel (als Übung und Verwirklichung) loszulassen, so dass wir uns unseres wahren Seins mitten in den Dingen, mitten in der Welt, bewusst werden. In dieser Bewusstwerdung, das heißt in diesem Erleben unseres wahren Seins mitten in der Welt, werden die beiden Bewusstseinszustände eines »meditativen Bewusstseins« und des »Tagesbewusstseins« zur gleichen Zeit und ohne jede Behinderung erfahren.

Hierzu sagt der unbekannte Autor der »Wolke des Nichtwissens«, ein Mystiker aus dem 14. Jahrhundert:

> Es gibt Leute, die so mit Gnade und Geist erfüllt und so innig mit Gott in dieser Gnade der Kontemplation verbunden sind, dass sie in normaler seelischer Verfassung dazu kommen, wann sie wollen, ob sie nun stehen oder gehen, sitzen oder knien. Und gleichzeitig bleiben sie all ihrer Sinne vollkommen mächtig, sowohl der leiblichen als auch der geistigen, und sie können diese gebrauchen, wie sie wollen.[136]

Hier ist die Meditation in das Leben mitten in der Welt integriert worden. Es gibt keine Trennung mehr zwischen sakral und profan, zwischen kontemplativem Leben (*vita contemplativa*) und aktivem Leben (*vita activa*). Die ganze Welt, alles ist sakral – und dies heißt – nichts ist sakral. In der Sprache des Zen:

Offene Weite – nichts von heilig![137]

11
Das Zen der alten chinesischen Chan-Meister

Die Begegnung zwischen Lin-chi und Huang-po

Wir wollen nun ein sehr bezeichnendes Beispiel für das Zen der alten chinesischen Chan-Meister und deren ungewöhnliche Lehrmethoden aufzeigen.

Einer der bedeutendsten und kraftvollsten Meister in der gesamten Geschichte des Zen-Buddhismus war der im neunten Jahrhundert lebende direkte Dharma-Nachfolger des chinesischen Zen-Meisters Huang-po, Zen-Meister Lin-chi.

Seine Lehrmethode war von unmittelbarer Direktheit. Kompromisslos zertrümmerte er alle religiösen Konventionen und fegte alles beiseite, was den direkten Zugang zum Wesentlichen versperrt. Laute Schreie und Handgreiflichkeiten in Form von Faust- und Stockschlägen charakterisieren den Erleuchtungsweg, auf dem Lin-chi seine Schüler zur unmittelbaren Erfahrung ihres wahren Wesens führt. Er prügelt sie und schreit sie an, weil er am eigenen Leib durch seinen Meister, den Zen-Giganten Huang-po, erfahren hat, dass diese Form der Belehrung rascher und sicherer zum Ziel führt als jede weitschweifige, wortreiche Erklärung. Die Geschichte von Lin-chis Erleuchtungserlebnis ist im *Lin-chi lu* (Aufzeichnungen der Worte des Lin-chi) überliefert, das mit den späteren *Koan*-Sammlungen zu den wichtigsten Schriften des Zen gehört.

Lin-chi weilte als junger Mönch schon drei Jahre im Kloster von Meister Huang-po, ohne auch nur einmal mit ihm gesprochen zu haben. Sein ganzes Bewusstsein war erfüllt von dem Verlangen nach Erleuchtung, so dass er durch sein konzentriertes Verhalten dem Mönchsvorsteher auffiel. Dieser forderte ihn auf, den Meister aufzusuchen, um ihm eine Frage zu stellen. Da aber Lin-chi von sich aus keine hatte, gab er ihm den Rat, ihn nach dem Grundprinzip des Zen-Buddhismus zu fragen. Auf diese Art ermuntert, fasst Lin-chi endlich Mut und betritt zum ersten Mal das Meister-Zimmer von Huang-po, dem er seine Frage vorlegt.

Schweigend greift dieser zu seinem Stock und verabreicht ihm eine Tracht Prügel. Betrübt kommt der Geschlagene zu dem Mönchsvorsteher zurück und erzählt ihm, was vorgefallen ist. Auf dessen Anraten geht er noch ein zweites und drittes Mal zu Huang-po, um jedes Mal die gleiche Antwort zu erhalten.

Lin-chi versteht nicht, was dies bedeutet, und glaubt, dass er ein schlechtes *Karma* haben müsse. Er fasst den Entschluss, das Kloster zu verlassen. Dem Mönchsvorsteher berichtet er von seinem Vorhaben und geht mit ihm zu Huang-po, um sich zu verabschieden. »Du brauchst nicht weit zu reisen«, sagt Huang-po. »Gehe zu Meister Ta-yü am Fluss Kao-an, er wird es dir erklären!«

Also wandert Lin-chi zum Kloster von Ta-yü und erzählt ihm, was geschehen war. Ta-yü sagt: »Huang-po war so gütig zu dir wie eine alte Großmutter. Warum kommst du hierher und fragst mich, ob du einen Fehler gemacht hast oder nicht?«

Bei diesen Worten erfährt Lin-chi plötzlich die Erleuchtung und sieht alles in einem neuen Licht. Voller Freude ruft er aus: »Von Anfang an war Huang-pos Buddhismus nicht viel wert.« Ta-yü packt ihn und sagt: »Du kleiner Bettnässer! Gerade hast du noch gefragt, ob du einen Fehler gemacht hast oder nicht, und jetzt sagst du: Huang-pos Buddhismus ist nicht viel wert. Was hast du gesehen? Schnell, sprich! sprich!« Sofort stößt Lin-chi Ta-yü dreimal kräftig die Faust in die Rippen. Nun erkennt Ta-yü seine Erleuchtung an, die er dem Verdienst Huang-pos zuschreibt, und er sagt: »Dein Meister ist Huang-po. All dies ist seine Sache; ich habe damit nichts zu tun.«

Lin-chi verlässt Ta-yü und geht zu Huang-po zurück. Als Huang-po ihn kommen sieht, bemerkt er: »Wann wird das Kommen und Gehen dieses Burschen je ein Ende nehmen?« – »Ich bin zurückgekehrt wegen eurer großmütterlichen Güte«, erwidert Lin-chi. Huang-po, der sofort erkannt hatte, was mit seinem Schüler geschehen war, verbirgt ihm noch seine Freude über den von ihm erhofften günstigen Ausgang und fragt ihn: »Wo kommst du her?« Lin-chi berichtet nun, was geschehen war. »Warte nur, bis Ta-yü hierher kommt«, sagt Huang-po, »ich werde dem alten Schwätzer eins draufgeben.« – »Wozu willst du warten? Hier hast du es gleich«, sagt Lin-chi und versetzt mit seiner Faust

Huang-po einen Stoß in die Seite. Insgeheim machte dies Huang-po großen Spaß, doch er wahrte die Haltung des Meisters und rief: »Ein Verrückter ist hierher gekommen, um den Tiger an den Barthaaren zu ziehen.« Lin-chi brüllte »HO!« Huang-po rief den aufsichthabenden Mönch und sagte: »Bring diesen Wahnsinnigen in das Mönchsgebäude, er soll hier bleiben!«

Dem unvorbereiteten und mit den zenistischen Schulungsmethoden nicht vertrauten Leser mag die Tracht Prügel, die Huang-po seinem Schüler verabreichte, als äußerst grob und unangemessen erscheinen. Manch einer mag sogar denken, dass Zen deshalb nicht der richtige Weg für ihn sei. Doch zu seiner Beruhigung sei ihm hier versichert, dass die heutigen Zen-Meister, vor allem hier bei uns im Westen, sich nicht solcher harten Schulungsmethoden bedienen. Trotz allem sollten wir aber auch nicht vergessen, dass die handgreifliche harte Methode der alten Meister so manchen Zen-Schüler zum Erwachen des Geistes geführt hatte.

Denn nicht umsonst heißt es im Zen: »Das Auge der Erleuchtung öffnet sich unter einem Hagel von dreißig Schlägen.« Und wenn wir bedenken, dass der Weg der Befreiung eine Sache auf Leben und Tod ist, werden wir auch zugeben müssen, dass es hier keinen Platz für höfliches Getue geben kann. Deshalb mahnt der chinesische Zen-Meister Yung-chia (8. Jh.):

> Die Sache von Leben und Tod ist gewaltig, und die Vergänglichkeit packt schnell zu. Wie könnte man sich da noch mit Unwesentlichem aufhalten.[138]

Und der chinesische Zen-Meister Yüan-wu sagt:

> Den Weg erreicht man durch Erleuchtung. Dazu ist vor allem Entschlossenheit notwendig, denn es ist keine Kleinigkeit, aus der Knechtschaft des gewöhnlichen Menschen direkt in den transzendenten Bereich der Weisen einzutreten. Es erfordert, dass dein Geist wie Stahl wird, um den Strom von Geburt und Tod abschneiden zu können.[139]

Jeder Augenblick, den wir erleben, ist ein göttliches Geschenk und eine einmalige Gelegenheit zur Verwirklichung, und niemand weiß, ob er noch fähig sein wird, den nächsten Atemzug zu tun. Im vollen Bewusstsein dieser Tatsache wird sich kein wirklicher Meister mit höflichem Geplänkel zur Erbauung des Schülers abgeben. Vielmehr wird er eine ständige Herausforderung für den Schüler sein, der sich, solange er die geheimen Schliche seines Egos nicht durchschaut, äußerst missverstanden und verletzt fühlen wird.

Ein fähiger Meister wird stets bestrebt sein, den Schüler bis an die Grenze seiner Möglichkeiten zu fordern. Und wie immer er ihn auch behandeln mag, alles dient nur der Förderung des geistigen Reifungsprozesses. Hinter aller scheinbaren Härte verbirgt sich die große Liebe des Meisters zu seinem Schüler, mit dem er alles miterlebt und miterleidet. Diesem harten Läuterungsprozess ist aber auf die Dauer nur derjenige gewachsen, der es auch wirklich ernst meint und bereit ist, für die Wahrheit alles aufs Spiel zu setzen – und sei es das eigene Leben. Hierzu eine indische Geschichte:

Ein Händler mit einem Korb auf dem Kopf und einem Tuch darüber lief über den Marktplatz und rief mit lauter Stimme: »Wahrheit zu verkaufen, Wahrheit zu verkaufen!« Ein Mann trat auf ihn zu und fragte: »Was soll denn die Wahrheit kosten, die du zu verkaufen hast?« – »Deinen Kopf«, war die verblüffende Antwort. »Wie stellst du dir denn das vor, ich kann dir doch nicht meinen Kopf geben!«, rief der andere entsetzt aus. Der Händler antwortete: »Wenn du nicht bereit bist, für die Wahrheit alles, was du hast, zu opfern, wirst du sie niemals erlangen.«

Direktes Deuten auf den Herz-Geist

Ein wirklicher Zen-Meister wird seinen Schüler immer wieder auffordern, sich aller Wolken der Unwissenheit, der Bindungen und Illusionen zu entledigen. Er wird ihm alle Stützen entreißen, damit er zu seinem, von allem entblößten, wahren Selbst erwacht. Er drängt ihn mit allen Mitteln bis an den Abgrund der Ausweglosigkeit, so dass dem Schüler keine andere Möglichkeit bleibt, als »loszulassen« oder sich mit aller Macht an seiner Traumwelt festzuklammern.

Dass dieses sich Festklammern an allen möglichen Verhaltensmustern und Denkmodellen hierbei weit häufiger vorkommt als das Loslassen, wird uns nicht sonderlich verwundern. Nicht selten kommt es sogar vor, dass der Schüler in der festen Überzeugung, wirklich losgelassen zu haben, sich an seinem »Glauben des Losgelassen-Habens« festhält.

> Eines Tages kam ein Mönch zu Zen-Meister Joshu und sagte: »Ich habe alles losgelassen. Nichts ist mehr in meinem Bewusstsein zurückgeblieben. Was sagst du dazu?« Hierauf gab Joshu die unerwartete Antwort: »Gut, dann wirf es weg!« Völlig verdutzt fragte der Mönch noch einmal: »Ich habe dir doch gesagt, dass ich alles losgelassen habe. Was soll ich denn jetzt noch fortwerfen?« Darauf sagte Joshu: »In diesem Fall musst du es halt weiter tragen.«[140]

Erst wenn wir uns von allen unseren Vorstellungen und Gedanken an ein Loslassen befreit haben, können wir zur Wirklichkeit des Einen Geistes erwachen. Unser Loslassen muss zu einem Vergessen unserer selbst und aller Dinge werden. Man muss alles vergessen: Buddha, Erleuchtung, *Dharma*, Zen oder was es auch immer sei. Alle diese Begriffe sind nichts weiter als leere Worthülsen ohne jeden Wert. Solange wir noch an Worten festhängen, können wir niemals zu einer unmittelbaren Erfahrung unseres wahren Wesens gelangen.

> Ein Mönch fragte seinen Meister: »Zeigt mir bitte den Weg, ohne gesprochene Worte zu gebrauchen.« Darauf antwortete der Meister: »Frage mich, ohne gesprochene Worte zu gebrauchen.«[141]

Zen verlangt von uns, alles – was es auch sei – zu verneinen, und letztlich auch noch diese Verneinung zu übersteigen. Denn solange in uns noch die kleinste Spur von Verneinung oder Bejahung vorhanden ist, sind wir noch tausend Meilen von der Wahrheit des Zen entfernt. Wer seinen Mund öffnet, um zu bejahen oder zu verneinen, ist verloren. Er steht außerhalb des Zen, mit den Worten von Zen-Meister Bassui:

> Was du auch sagen magst, ist falsch. Und wenn du nichts sagst, ist es gleichermaßen falsch.[142]

Zen-Meister I-tuan sagte in einer seiner Darlegungen zu seinen Schülern:

> »Reden ist Entweihung, Schweigen ist Irreführung. Jenseits von Schweigen und Reden führt ein Weg hinauf, doch mein Mund ist nicht groß genug, ihn euch zu weisen.« Mit diesen Worten erhob er sich und verließ seinen Hohen Sitz.[143]

Yang-shan, ein chinesischer Zen-Meister aus dem neunten Jahrhundert, hielt folgende Ansprache:

> Ihr Mönche, wendet euer Licht um und schaut nach innen auf euer wahres Selbst. Versucht nicht, euch meine Worte einzuprägen. Von Urbeginn an habt ihr eurem Licht den Rücken zugekehrt und euch selbst in die Finsternis gestoßen. Die Wurzel des falschen Denkens reicht tief hinab in den Boden; schwer ist es sie auszureißen. Die vielen Hilfsmittel sind für die Zerstörung der gröberen Einbildungen gedacht. Sie sind wie gelbe Blätter, die man einem Kind gibt, damit es aufhört zu weinen. In sich selbst

besitzen sie keinerlei Wert. Wenn ich aber Zen in reiner Form darlege, kann niemand mir folgen, so sehr er es sich auch wünschen mag. Spreche ich jedoch über dies und das, so drängen sie sich um mich und wetteifern um die Krümel, die vom Tisch fallen. Kinder hält man mit einer leeren Faust zum besten; doch in Wahrheit ist da nichts Wirkliches. Gelehrsamkeit und Wunder brauchen wir nicht, das sind nur die Ränder des Wirklichen.

Wollt ihr den Geist erkennen, so dringt in den Ursprung der Dinge ein. Wenn sich alle Vorstellungen, heilige und weltliche, erschöpft haben, so zeigt sich das Wirkliche, wahr und ewig, in der Nicht-Unterschiedenheit von Einheit und Vielheit, und eben hier hat der Buddha der Soheit seine Wohnstatt.[144]

Zen-Meister Nansen (8. Jh.) sagte:

»Schöne Worte und polierte Wendungen – die habt ihr anderswo reichlich. Wenn heute hier unter euch einer ist, der sogar über das erste Prinzip hinausgelangt ist, so möge er vortreten und ein Wort sagen. Gibt es einen solchen, so hat er unsere Erwartungen nicht enttäuscht.« Ein Mönch trat vor und sagte: »Darf ich fragen, was das erste Prinzip ist?« Der Meister: »Warum fragst du nicht das erste Prinzip?« Der Mönch: »Ich frage es eben jetzt.« Der Meister: »Du bist bereits einem zweiten Prinzip aufgesessen.«[145]

Zen-Meister Huang-po saß eine Weile still am Pult, ohne ein Wort zu sagen. Die Mönche dachten, er werde wohl keine Darlegung geben, und begannen sich zurückzuziehen. Der Meister sagte: »Wie ich sehe, seid ihr alle vom gleichen Holz. Nicht einer von euch besitzt genügend Scharfblick, die Dinge richtig zu sehen. Ihr seid gekommen um zu sehen, wie ich den Mund aufmache, und wollt euch meine Worte aneignen in dem Glauben, sie seien letzte Wahrheit. Ein Jammer, dass ihr alle nicht seht, worum es geht. Wenn ihr so bliebet – welch eine Tragödie!«[146]

Ein andermal schwieg Huang-po wiederum eine Weile und sagte dann: »Ich war von großer Güte zu euch, aber begreift ihr?«
Ein Mönch trat vor und fragte: »Schweigend verharren und kein Wort sagen – was ist dessen Sinn?«
Der Meister sagte: »Du redest im Schlaf.«
Der Mönch: »Bitte, sagt mir etwas über die Wahrheit des Zen.«
Der Meister: »Und du schnarchst auch noch.«
Der Mönch: »Mag sein, dass ich schnarche, doch wie steht es mit Euch?«
Der Meister sagte: »Wie kann man nur so unempfindlich sein; dass man nicht einmal weiß, wo es juckt?«[147]

Auf dem Hohen Sitz vor versammelter Schülerschaft eine Weile schweigend zu verharren, war bei vielen Meistern ein beliebtes Mittel der Belehrung.

Zen-Meister Chih-feng beispielsweise, wenn er eine Weile geschwiegen hatte, rief: »Ihr Mönche, seht, seht!«, und verließ seinen Sitz.

Zen-Meister Jui-yen, während er auf seinem Sitz saß, ließ seine Mönche eine Weile stehen und sagte dann: »Ich muss gestehen, dass ich heute gar nichts Besonderes habe. Wenn ihr aber ohnehin bloß hier seid, um meine Darlegung zu verfolgen und meiner Stimme zu lauschen, wäre es doch viel besser, die Halle aufzusuchen und euch am Feuer zu wärmen. Ihr Mönche, gute Nacht!«[148]

Zen-Meister Chang-ching nahm seinen Platz ein, und da er alle Mönche versammelt sah, warf er seinen Fächer hin und sagte:
»Narren halten Gold für Dreck, doch wie steht es mit den Weisen? Keine Geringschätzung künftigen Generationen gegenüber. Ständig allzu bescheiden zu sein, ist ohne Verdienst. Möchte einer von euch vor mich hintreten?«
Ein Mönch trat vor, verneigte sich und zog sich wieder zurück.
Der Meister sagte: »Sonst noch etwas?«
Der Mönch: »Ich erwarte euer Urteil.«
Der Meister: »Tausend Jahre alter Pfirsichkern.«[149]

Aus den hier angeführten Beispielen können wir ersehen, dass die von den alten Zen-Meistern angewandten Lehrmethoden darin bestehen, im Bewusstsein des Schülers etwas zu wecken, vermöge dessen er die

Wahrheit des Zen intuitiv erfassen kann. Wir werden in den nun folgenden Beispielen Gelegenheit haben, noch einige andere unkonventionelle und ungewöhnliche Lehrmethoden der Meister kennen zu lernen. Da diese Methoden jedoch außerhalb der Möglichkeit des verstandesmäßigen Erfassens liegen, müssen sie jedem, der noch nicht zum unmittelbaren, intuitiven Verständnis des Zen gelangt ist, unbegreiflich bleiben.

Ein Mönch fragte einmal Zen-Meister Joshu: »Was ist das eine unübertroffene Wort der Wahrheit?«
Anstatt auf diese Frage einzugehen, erwiderte der Meister einfach: »Ja.« Der Mönch, offenbar außerstande, einen Sinn in dieser Antwort zu erkennen, fragte ein zweites Mal, und diesmal schrie der Meister: »Ich bin nicht taub!«[150]

Ein anderes Mal, als Joshu über das erste Wort befragt wurde, hustete er.
Der Mönch fragte: »Ist es nicht das?«
Augenblicklich erwiderte der Meister: »Darf ein alter Mann denn nicht einmal mehr husten?«[151]

Und noch einmal hören wir von einem Mönch, der ihn fragte: »Was ist das eine Wort?«
Joshu fragte: »Was sagst du?«
»Was ist das eine Wort?«, wiederholte der Mönch, und Joshu sagte: »Du machst zwei daraus.«[152]

Einmal wurde Joshu gefragt: »Ein Licht teilt sich in hunderttausende von Lichtern; doch wo kommt dieses Licht her?« Kaum hatte der Frager ausgesprochen, schleuderte Joshu wortlos einen seiner Schuhe vom Fuß.[153]

Das Hochheben des *Hossu* (Fliegenwedel) und des *Shippei* (Stock) war bei den alten Zen-Meistern eine sehr beliebte Methode zur Demonstration der Wahrheit. *Hossu* und *Shippei* waren die Zeichen der Meisterwürde, so dass es nahe lag, sie zu gebrauchen, wenn die Schüler mit Fragen an den Meister herantraten.

Zen-Meister Ling-yün wurde einst gefragt:
»Wie waren die Dinge vor dem Erscheinen des Buddha in der Welt?«
Der Meister hob seinen *Hossu* in die Höhe.
»Und wie waren die Dinge nach dem Erscheinen des Buddha?«
Wieder hob er seinen *Hossu* in die Höhe.[154]

Zen-Meister Huang-po hielt einst, nachdem er die Versammlungshalle betreten hatte, folgende Ansprache:

Der Besitz vieler Arten von Kenntnissen lässt sich nicht mit dem Aufgeben der Suche nach irgendetwas vergleichen. Dies ist das beste aller Dinge. Es gibt keine verschiedenen Arten von Geist, und es gibt auch keine Lehre, die in Worte gefasst werden kann. Da nichts weiter zu sagen ist, ist die Versammlung geschlossen.[155]

12

Die Freiheit des Zen

Zen wird nicht durch Suchen erlangt

Zen ist vollkommen frei und duldet keine Anlehnung an irgendetwas, was es auch sei – nicht einmal an den Buddha. Und so sagt auch Zen-Meister Lin-chi: »Wenn du dem Buddha begegnest, dann töte ihn!« Mit anderen Worten: Lass nichts – und sei es noch so heilig und voller philosophischer Weisheit – zwischen dich und die direkte unmittelbare Erfahrung deines wahren Wesens treten.

Zen ist die freiste und unmittelbarste Lehre, bei der es absolut nichts zu tun oder zu lernen gibt. Es ist der Weg, der zum »direkten und augenblicklichen Erfassen« der Wirklichkeit, so wie sie ist, führt. Alle buddhistischen Lehren, wie sie in den *Sutras* und *Shastras* dargelegt werden, sind in den Augen der alten Zen-Meister nichts weiter als wertloses Klopapier, um den Abfall des Intellekts aufzuwischen. Denn Zen hat nichts zu tun mit spitzfindigen, philosophischen Überlegungen und logischen Schlussfolgerungen. Der chinesische Zen-Meister Fen-yang (11. Jh.) sagt deshalb:

> Wenn du verblendet und voller Zweifel bist, helfen selbst tausend heilige Schriften dem nicht ab.

> Hast du aber das Begreifen verwirklicht, so ist ein Wort schon zu viel. Zen wird persönlich übermittelt, durch Übertragung von Geist zu Geist. Es wird nicht äußerlich durch aufgeschriebene Worte weitergegeben.[156]

Ebenso sagt auch der chinesische Zen-Meister Fo-yan im 12. Jahrhundert:

> Wenn du dir mit dem Verstand die Dinge zurechtlegst, wirst du es schwer haben, die Wahrheit des Zen zu erfassen. Das kannst du erst, wenn du mit dem Zurechtlegen aufhörst. Manche Leute hören sich solche Worte an und sagen, es gebe da nichts zu sagen und nichts zu durchdenken – und merken gar nicht, dass das auch schon wieder Zurechtgelegtes ist.[157]

Nach der Grundidee des Zen sollen wir auf dem direkten und kürzesten Weg zur Erfahrung unseres wahren Wesens kommen, ohne auf irgendetwas Äußeres oder Zusätzliches zurückzugreifen. Deshalb lehnt Zen alles ab, was auch nur im Entferntesten mit äußerer Lehre zu tun hat, es hegt das absolute Vertrauen zum inneren Wesen des Menschen.

Alle Wahrheit kommt im Zen von innen, und es hat nichts zu tun mit irgendeinem festgelegten religiösen Dogma, welcher Art es auch immer sein mag. Wesentlich im Zen ist immer die durch die Praxis des Zen herbeigeführte Entwicklung zum intuitiven Begreifen, anstelle intellektuellen Studiums.

Die wesentlichen Merkmale des Zen wurden in der frühen Tang-Dynastie in vier kurze Sätze zusammengefasst:

1. Übertragung außerhalb der orthodoxen Lehre
2. Unabhängigkeit von heiligen Schriften
3. Direktes Deuten auf den Herz-Geist
4. Schau in die eigene Natur und Erlangen der Buddhaschaft

Ein Christ kann genauso wie ein Buddhist im Zen leben, denn Zen ist nicht eine Religion unter vielen anderen, sondern – Grundlage aller Religionen. Zen öffnet das Auge des Menschen für das große Mysterium seiner universellen Wesensnatur. Es öffnet den Zugang zum unendlichen inneren Raum, der sich uns in seiner überräumlichen Unendlichkeit und zeitlosen Ewigkeit offenbart.

In Worten ist es nicht aussagbar, aber was es auch immer sein mag, es hat nichts zu tun mit frommem Gehabe und schiefköpfiger Heiligkeit. Zen ist immer »unmittelbar und direkt«. Stets weist es mit äußerstem Nachdruck auf das eigene Herz, ohne sich in das Rankengewirr von Konventionen und Begriffen zu verstricken. Es ist frei, und ohne diese Freiheit verliert es seine Spontaneität und Frische und ist nur noch eine tote und leere Hülle ohne Leben.

Die meisten Menschen sind auf ihrer Suche nach dem Geheimnis des Seins zu sehr in alle möglichen religiösen und philosophischen Vorstellungen und Spekulationen verstrickt, so dass sie die Wirklichkeit ihres ursprünglichen wahren Wesens nicht erkennen.

Die Wahrheit im Äußeren zu suchen und als etwas von einem selbst Unabhängiges zu sehen, das von einem Subjekt erkannt werden soll, entspricht der dualistischen Denkweise des intellektuellen Verstehens. Aber da wir ja bereits mitten in dieser Wahrheit und durch diese Wahrheit leben, können wir von ihr nicht unterschieden oder getrennt sein. Es geht letztlich also darum, zur unmittelbaren Wahrnehmung dessen zu gelangen, was stets und immer »in und um uns« als unser allereigenstes »wahres Sein« gegenwärtig ist. Einer der bedeutendsten chinesischen Meister des Zen, Yüanwu, sagt hierzu:

> Wenn du die unmittelbare Erfahrung des Zen wünschst, so suche sie vor allem nicht. Was durch Suchen erlangt wird, ist schon durch das Denken verunreinigt. Der große Schatz des Zen liegt schon immer offen und klar vor dir und ist schon immer die Kraftquelle all deines Handelns gewesen.[158]

Wären die Menschen sich der wahren Natur ihres Geistes bewusst, so würden sie erkennen, dass die Welt ihrer Sinneswahrnehmung – einschließlich der aus dieser Wahrnehmung gebildeten Begriffe und intellektuellen Reflexionen – nur einen winzigen Bruchteil der Wirklichkeit ausmacht.

Sie würden erkennen, dass in dem Augenblick, in dem sie alle willkürlichen Vorstellungen aufgeben, sich ihnen unendliche und vorher nicht geahnte Möglichkeiten eröffnen, und die Unendlichkeit des universellen Bewusstseins würde sich vor ihnen auftun.

Der chinesische Zen-Meister Huang-po drückt dies mit folgenden Worten aus:

> Dieser reine Geist, die Quelle von allem, scheint für immer und auf alle mit dem Glanz seiner eigenen Vollendung. Aber die Menschen in der Welt werden dessen nicht gewahr, da sie nur das für Geist halten, was sieht, hört, fühlt und weiß. Durch ihr eigenes Sehen, Hören, Fühlen und Wissen geblendet, erkennen sie nicht die geistige Herrlichkeit der Quellsubstanz.
>
> Wenn ihr Schüler des Weges durch Sehen, Hören, Fühlen und Erkennen Fortschritte zu erreichen sucht, dann werdet ihr, wenn euch die Wahrnehmungen genommen werden, vom Weg zum Geist abgeschnitten, und ihr werdet nirgends Eintritt finden. Ihr müsst nur gewahr werden, dass der wahre Geist, auch wenn er sich in diesen Wahrnehmungen ausdrückt, weder Teil von ihnen noch von ihnen getrennt ist. Ihr dürft aus diesen Wahrnehmungen keine Schlüsse ziehen, noch begriffliche Gedanken entstehen lassen. Aber ebenso wenig solltet ihr den Einen Geist außerhalb dieser Wahrnehmungen suchen oder sie auf eurer Suche nach dem *Dharma* aufgeben. Behaltet sie nicht, gebt sie auch nicht auf, wohnt nicht in ihnen und haftet nicht an ihnen. Über, unter und um euch ist alles augenblicklich aus dem Geist geschaffenes Sein; nichts ist außerhalb des Buddha-Geistes.[159]

Persönliche Erfahrung ist alles im Zen

Ein wirklicher Zen-Meister wird stets bestrebt sein, den Schüler von seinem intellektuellen Sperrmüll zu befreien. Immer wieder wird er versuchen, ihn unmittelbar zur Wahrheit des Zen hinzuführen. Mit allen Mitteln wird er, und sei es durch Fausthiebe, Stockschläge oder ohrenbetäubendes Geschrei, das Durcheinander intellektueller Begriffe und Erklärungen zerschlagen. Sein Bestreben ist es, den Schüler mit kompromissloser Geradlinigkeit zur Wirklichkeit seines wahren Wesens zu führen. Der chinesische Zen-Meister Shih-kung stellte eines Tages seinem obersten Mönch folgende Frage:

> »Kannst du den leeren Raum ergreifen?« Der Mönch erwiderte: »Ja, Meister.« – »Wie machst du das?« fragte der Meister. Der Mönch streckte daraufhin den Arm aus und griff in den leeren Raum. Daraufhin bemerkte der Meister: »Wie kannst du in dieser Weise den leeren Raum ergreifen?« – »Wie sonst?« entgegnete der Mönch. Kaum hatte er dies gesagt, ergriff der Meister blitzschnell die Nase des Mönchs und verdrehte sie ihm. Der Mönch schrie vor Schmerz laut auf und rief: »Oh, oh, ihr tut mir schrecklich weh!« Der Meister ließ die Nase los und sagte: »In keiner Weise kannst du den leeren Raum ergreifen.«[160]

Wenn man, wie der Mönch in unserem Beispiel, behauptet, man habe irgendetwas erlangt, so ist dies der sicherste Beweis dafür, dass man in die Irre gegangen ist. In Wirklichkeit gibt es im Zen nichts zu erlangen und nichts zu erreichen. Es gibt nur ein »geheimnisvolles, schweigendes Verstehen« und nichts anderes. Im Zen ist alles ganz einfach und unmittelbar. Die meisten von uns sind jedoch davon überzeugt, dass die Wahrheit nur dann erstrebenswert ist, wenn sie ein weit entferntes und fast unerreichbares Ziel darstellt.

Im Zen liegt nichts Besonderes oder Geheimnisvolles, es offenbart sich gerade in den allergewöhnlichsten Dingen des Alltags. Es ist stets gegenwärtig – »gerade in diesem Augenblick«! Im Trinken eines Glases Wasser oder beim Binden meiner Schnürsenkel – liegt das ganze Geheimnis und Wunder des Zen.

Ein alter Zen-Spruch lautet: »Wundervolle Taten und Handlungen voller Wunder! Ich schöpfe Wasser und trage Brennholz.« Dies ist aber nur für denjenigen erfahrbar, der aus dem Augenblick heraus die Dinge erlebt. Deshalb heißt es im Zen: »Erfasse den Augenblick, und sei jetzt-hier!« Mit anderen Worten: »Erkenne alles so, wie es ist, und halte dich nicht an der Schablone deiner dualistischen und eingrenzenden Betrachtungsweise fest!«

Zen ist ein Leben ohne Fesseln, ein Leben in Freiheit und ist die Freiheit selbst. Lassen wir unsere selbst geschaffenen Ketten des anhaftenden, kleinen Ichs zerbrechen, und das wahre Selbst erstrahlt in seiner ganzen Herrlichkeit – allumfassend und alles durchdringend! Unser ursprüngliches wahres Wesen ist vollkommen frei und ohne die geringste Unterscheidung und Gegensätzlichkeit. Es ist allgegenwärtig, still und rein und äußert sich als geheimnisvolle, friedvolle Freude. Es ist das, was wir in jedem Augenblick unseres Lebens vor uns haben, in der ganzen Vollkommenheit des göttlichen Seins, ohne dass wir uns dessen bewusst sind.

In der Begegnung zwischen Meister und Schüler ist der Meister stets bestrebt, dem Schüler zu dieser unmittelbaren Erfahrung seines wahren Seins zu verhelfen. Nicht selten kommt es dabei vor, dass er auf seine kraftvolle Art den Schüler äußerst grob, doch stets mit liebevoller Güte behandelt.

> Ein Mönch fragte den chinesischen Zen-Meister Ma-tsu: »Was ist die Wahrheit des Zen?« Ma-tsu schlug ihn sofort mit einem gewaltigen Fausthieb vor die Brust zu Boden und brüllte: »Wenn ich dich nicht niedergestreckt hätte, würde das ganze Land über mich lachen.«[161]

Ma-tsu war einer der bedeutendsten und fähigsten Zen-Meister der Tang-Dynastie. Durch seine kraftvolle Methode der Vermittlung hat er so manchen Schüler zur Erleuchtungserfahrung geführt. Der bedeutendste Schüler Ma-tsus war Pai-chang, der spätere Meister des Zen-Giganten Huang-po. Ma-tsus handgreifliche Lehrmethode wurde für Pai-chang zum Auslöser des »Großen Erwachens«:

> Pai-chang befand sich eines Tages mit seinem Meister Ma-tsu im Garten hinter dem Haus, als sie eine Schar Wildgänse am Himmel sahen.
> Ma-tsu fragte: »Was ist das?«

»Es sind Wildgänse, Meister.«
»Wohin fliegen sie?« fragte Ma-tsu.
»Sie sind weggeflogen, Meister.«
Plötzlich packte Ma-tsu Pai-changs Nase und verdrehte sie ihm. Dieser, vom Schmerz überwältigt, schrie laut auf: »Oh, oh!«
»Du sagst, sie seien weggeflogen«, sagte Ma-tsu, »aber wie kommt es dann, dass sie alle von Anfang an hier gewesen sind!«
Pai-chang trat der Schweiß aus allen Poren –
er war auf der Stelle erleuchtet.[162]

Für diejenigen, die keinen Einblick in die Wahrheit des Zen erlangt haben, muss Ma-tsus Verhalten seltsam, wunderlich, ja rätselhaft erscheinen. Rationalistisch veranlagte Menschen, die das Zen mehr oder weniger begrifflich beurteilen, halten es für völlig unlogisch und absurd.

Die grundlegende Voraussetzung zum Verständnis des Zen ist und bleibt aber immer die »eigene Erfahrung«. Es nützt uns rein gar nichts, wenn wir an die Wahrheit in uns selbst nur »glauben«. Wir müssen sie tatsächlich erleben und erkennen. Aus diesem Grund geht man ja auch zu einem Meister in der Hoffnung, dass er einem die Wahrheit zeigt, und ist dann bitter enttäuscht, weil er sie nicht zeigen kann. Er kann uns jedoch die Richtung weisen. Und darin liegt die große Möglichkeit des Meisters, dass er uns den Blick in die richtige Richtung wenden lässt, auf dass wir selbst sehen und erkennen. Persönliche Erfahrung ist alles im Zen – und nicht nur im Zen, sondern natürlich auch in jeder wahren Mystik. Denn gerade hier, wo es sich um das Erleben der Wirklichkeit als die reine Erfahrung des Seins handelt, ist das persönliche Erleben absolute Notwendigkeit. Ohne diese Erfahrung wird nichts, was sich auf die tieferen Hintergründe unseres menschlichen Seins bezieht, jemals zu verstehen sein.

> Ein Zen-Mönch flehte einst verzweifelt seinen Meister an, er möge ihm bei der Suche nach dem Geheimnis des Zen behilflich sein. Dieser gab ihm zur Antwort: »Ich will dir gerne in jeder Weise helfen, sofern ich kann; aber es gibt einige Dinge, bei denen ich dir beim besten Willen nicht helfen kann; das musst du selbst besorgen.«
> Der junge Mönch äußerte den Wunsch, zu erfahren, welcher Art diese Dinge wären. »Wenn du zum Beispiel Hunger und Durst hast«, sagte der Meister, »wird es deinen Magen nicht füllen, wenn ›ich‹ esse und trinke; du musst ›selbst‹ essen und trinken. Wenn du den Bedürfnissen der Natur nachgeben willst, musst du dich selbst darum kümmern, denn dabei kann ich dir nicht behilflich sein. Und außerdem kann niemand als du selbst deinen Körper auf dem Lebenspfad tragen.«[163]

Dieser freundliche Rat öffnete plötzlich den Geist des Mönchs für die Wahrheit des Zen, und er war von dieser Erkenntnis so hingerissen, dass er nicht wusste, wie er seine Freude und Dankbarkeit ausdrücken sollte. Im Allgemeinen erwartet man immer, das Verständnis des Zen von außen durch direkte Belehrung oder durch geistige Schriften zu erlangen, und das ist auch der Grund für die ganze Unsicherheit. Da man nicht genug Vertrauen in das immanente Buddha-Wesen hat, befindet man sich stets im Zweifel und Zwiespalt mit sich selbst. Man sucht das Innere im Äußeren und entfernt sich so immer mehr von seinem wahren Selbst. Hierzu gibt uns der tibetische *Mahamudra*-Meister Padmasambhava (8. Jh.) folgendes Beispiel:

> Es ist ganz unmöglich, Buddha woanders zu finden als im eigenen Bewusstsein. Jemand, der das nicht weiß, mag außen suchen, aber wie ist es möglich, sich selbst zu finden, wenn man woanders sucht als in sich selbst?
> Wer sein eigenes Wesen außen sucht, gleicht einem Narren, der, bei einem Auftritt vor einer Menschenmenge, vergisst, wer er ist und überall herumsucht, um sich zu finden.[164]

»Warum geht ihr aus?« ruft uns deshalb der christliche Mystiker Meister Eckhart zu. »Warum bleibt ihr nicht in euch selbst und greift in euer eigenes Gut? Ihr tragt doch alle Wahrheit wesenhaft in euch.«

Zen-Meister Lin-chis mahnende Worte

Eine der gewaltigsten und kraftvollsten Gestalten des Zen war der chinesische Zen-Meister Lin-chi, von dessen dramatischer Begegnung mit seinem Meister Huang-po wir bereits im vorigen Kapitel gehört haben.

In Lin-chi und den ihm verwandten Meistern der Tang-Dynastie (618 – 906), dem goldenen Zeitalter des Zen, erreichte der chinesische Zen Buddhismus seinen Höhepunkt und zugleich seinen Abschluss. Lin-chi war eine außergewöhnliche Persönlichkeit von großem Format, ein Meister von radikaler Konsequenz und unmittelbarer Direktheit. Rücksichtslos räumte er alles beiseite, was den direkten Zugang zum Wesentlichen versperrt. Wir wollen uns als Beispiel eine seiner großartigen Darlegungen anhören:

> Die heutigen Schüler bedürfen des Selbstvertrauens, sie sollten nicht außerhalb suchen. Solange ihr euch nur auf die Methoden der Vorfahren beruft, werdet ihr nie zwischen Echt und Falsch unterscheiden können. Buddhas und die alten Meister sind nichts als Spuren, die ihre Lehren hinterlassen haben. Da gibt es dann Leute, die sich daraus einen Spruch pflücken. Sie geraten in Zweifel, fragen andere um Rat und bleiben doch verwirrt.
>
> Das Gesetz Buddhas bedarf keiner Mühe. Es besteht im Alltäglichen und hat kein Ziel: scheißen, pissen, sich anziehen, essen und schlafen, wenn man müde ist. Die Einfältigen mögen mich auslachen – die Weisen wissen Bescheid. Ihr erzählt überall herum, »wer sich übt wird erleuchtet«. Dass ihr euch da nicht täuscht! Wenn überhaupt etwas erreicht wird durch Üben, so ist es das Schicksal von Geburt und Tod. Buddha und die alten Meister waren Menschen ohne ein

> bestimmtes Vorhaben. Gewisse blinde Kahlköpfe allerdings üben sich in Meditation und in der Einhaltung von Vorschriften. Sie packen ihre Gedanken und Lüste und lassen sie nicht mehr los, ekeln sich vor Geräuschen und suchen die Stille. Das hat mit der Wahrheit des Zen nichts zu tun. Solches und ähnliches mehr sind bloße Künsteleien.[165]

Wir beenden diesen Abschnitt mit einem nützlichen Rat dieses ehrwürdigen Zen-Meisters. Er sagt uns, wie wir das erlangen können, was schon immer da war, weil wir es nie verloren haben:

> Freunde des Zen, ich sage euch: Es gibt keinen Buddha und keine Lehre, keine Schulung und keine Erkenntnis. Wonach sucht ihr so erbittert? Wozu wollt ihr einen zweiten Kopf auf euren eigenen setzen, ihr blinden Schwachköpfe? Was fehlt euch denn? Derjenige, der mit dem Tao im Einklang ist, unterscheidet sich nicht von den Buddhas und Patriarchen. Aber ihr vertraut nicht auf euer Inneres, und so wendet ihr euch auf eurer Suche nach außen. Lasst euch nicht täuschen! Die höchste Wahrheit ist nichts, was man im Äußeren finden könnte.
>
> Statt euch an meine Worte zu klammern, solltet ihr euch lieber beruhigen und aufhören im Außen zu suchen. Hängt nicht an der Vergangenheit und hängt auch nicht an der Zukunft. Das ist weitaus besser als viele Jahre suchend herumzuirren.[166]

Das Koan »MU«

Das japanische Wort *Koan* bedeutet etymologisch soviel wie: »Der Ort, an dem die Wahrheit verkündet wird«. Im Zen ist ein *Koan* ein Paradoxon, das heißt eine Aufgabe, deren Lösung mit den Mitteln des begrifflichen Denkens nicht möglich ist. Die meisten *Koans* sind Aussprüche großer Zen-Meister der Vergangenheit, die diese in der Begegnung mit ihren Schülern geäußert haben, um ihren Geist für die Wahrheit des Zen zu öffnen. Hier einige Beispiele:

> Ein Mönch fragte Zen-Meister Joshu:
> »Alle Dinge sind auf das Eine rückführbar, doch worauf ist das Eine rückführbar?«
> Joshu sagte: »Als ich in Ching-chou lebte, verfertigte ich ein Gewand, das wog sieben Pfund.«[167]

> Ein Mönch fragte Joshu: »Was ist der Sinn dessen, dass Bodhidharma aus dem Westen kam?«
> Joshu antwortete: »Die Zypresse im Hof.«[168]

> Ein Mönch fragte Zen-Meister Joshu: »Wer ist Buddha?« – »Drei Pfund Flachs«, war die Antwort.[169]

Das hervorstechende Merkmal bei allen *Koans* ist das Alogische, das Widersinnige der Worte oder der Handlung. Liest man die aus dem Geist des Zen gesprochenen Antworten der alten Zen-Meister auf die Fragen ihrer Schüler, ist man verwirrt und fragt sich, was die Antwort eigentlich mit der Frage zu tun hat. Hierzu muss gesagt werden, dass es sich bei diesen Äußerungen der Zen-Meister nicht um eine begriffliche oder intellektuelle Feststellung innerhalb unserer gewohnten Grenzen eines logischen Dualismus handelt. Vielmehr haben wir es hier mit dem Ausdruck einer gewaltigen Erfahrung von solch allumfassender Universalität zu tun, dass in ihr alle Schranken von Raum und Zeit und alle Begrenzungen einer verbalen Vermittlung überschritten werden.

Das Wesentliche in der Beschäftigung mit einem *Koan* ist, dass der Zen-Übende eben jenen hellklaren Bewusstseinszustand erlangt, aus dem heraus die Worte gesprochen wurden und den logische Analyse niemals erreichen kann. Erst wenn der Geist des Schülers so weit gereift ist, dass er vollkommen gleich gestimmt ist mit dem Geist des Meisters, der ihm das *Koan* gab, enthüllt sich ihm die tiefe Wahrheit, die im *Koan* verborgen war. Doch nun wollen wir uns dem *Koan* »MU« zuwenden. Dieses *Koan* ist ohne Zweifel das bekannteste und wird von den heutigen Zen-Meistern am häufigsten verwendet:

> Ein Mönch fragte Zen-Meister Joshu: »Hat ein Hund Buddha-Natur?« Joshu antwortete: »MU!«[170]

Das chinesische Schriftzeichen »MU« bedeutet wörtlich: »Nichts«. Meister Joshus Antwort lautet ganz einfach »Nichts« – das soll jedoch nicht heißen, dass ein Hund die Buddha-Natur nicht habe. Joshu wusste natürlich genauso gut wie der Mönch, dass alle Wesen, ohne Ausnahme, die Buddha-Natur haben, deshalb dürfen wir Joshus »MU« keinesfalls als Verneinung auffassen. Es ging ihm nur darum, den Mönch davon abzubringen, durch rationales Denken die Wahrheit des Zen verstehen zu wollen. Er sollte vielmehr nach einem höheren, »jenseits von Bejahung und Verneinung« stehenden Erfassen jener Wirklichkeit streben, in der sich alle Widersprüche von selbst lösen.

Joshus »MU« ist weder ein Ja noch ein Nein. Es ist eine Antwort, die den Gegensatz von Ja und Nein übersteigt und unmittelbar auf die Buddha-Natur – auf die Wirklichkeit jenseits von Ja und Nein – hinweist. Joshus eigene Erfahrung der Buddha-Natur findet hier in seinem »MU« ihren schöpferischen Ausdruck und weist mit Macht auf die unvergleichliche Erleuchtung hin, zu der man nur gelangen kann, wenn man sein unterscheidendes Denken hinter sich lässt. Erst wenn man hierzu bereit ist und sich in den Abgrund des »Großen Zweifels« stürzt, wird sich die Fülle des göttlichen Nichts offenbaren.

Wer hierzu nicht bereit ist und glaubt, mit verstandesmäßigen Überlegungen das *Koan* »MU« lösen zu können, wird sich nur im Kreis drehen und »MU« keinen Fußbreit Boden abgewinnen. Diejenigen, die sich an Worte und Redensarten klammern, »MU« verstandesmäßig deuten und so versuchen, es zu verstehen, können mit einem Narren verglichen werden, der versucht, den Mond mit einem Stock zu schlagen, oder seinen Schuh kratzt, weil ihm der Fuß juckt. Die alten Meister sagten: »Der Versuch, ›MU‹ auf rationale Weise lösen zu wollen, kommt dem Versuch gleich, mit der Faust eine eiserne Wand durchstoßen zu wollen.« Was ist nun aber der tiefere Sinn von Joshus »MU«? Die Antwort kann nur lauten: »Alles, was ich darüber aussagen könnte, würde das Wesentliche verfehlen«, oder mit den Worten Huang-pos:

> Alles begriffliche Denken ist eine irrtümliche Meinung. Der Geist ist von strahlender Klarheit erfüllt und deshalb werft die Dunkelheit eurer alten, toten Begriffe fort: Befreit euch von allem![171]

Warum also eine Diskussion auf falschen Begriffen aufbauen? Wer das Verlangen hat, das *Koan*, das heißt das Problem von »MU« zu lösen, dem bleibt nichts anderes übrig, als sich mit seinem ganzen Sein in das »MU« hineinzubohren, bis er völlig damit eins geworden ist. Zen-Meister Mumon (13. Jh.) gibt uns in seinem Kommentar zu Joshus »MU« folgenden Rat:

> Bei der Praxis des Zen muss die von den alten Meistern errichtete Sperre durchbrochen werden. Man muss deshalb das unterscheidende Denken vollkommen auslöschen, wenn man Erleuchtung erlangen will. Nun sagt mir: Was ist die von den alten Meistern errichtete Sperre? Es ist nichts anderes als eben dieses »MU«, das ist die Schranke des Zen. Daher wird es das »Torlose Tor« des Zen genannt.
>
> Wer diese Schranke überwunden hat, wird nicht nur deutlich Joshu von Angesicht zu Angesicht sehen, sondern er kann auch Hand in Hand gehen mit allen Meistern der Vergangenheit.

Mit den Augenbrauen einander berührend, sieht er mit dem gleichen Auge, mit dem sie sehen und hört mit dem gleichen Ohr, mit dem sie hören. Wäre das nicht wundervoll? Wer wünschte nicht, durch diese wundervolle Schranke zu gehen? Sammelt eure ganze Kraft auf dieses »MU« und gebt euch ihm Tag und Nacht mit ganzem Herzen hin. Wenn ihr ohne Unterlass in dieser Weise fortfahrt, wird euer Geist plötzlich strahlend hell werden wie eine brennende Kerze, die das ganze Universum erleuchtet.[172]

Am Schluss dieses eingehenden Kommentars zu Joshus »MU« fügte Mumon noch ein kurzes Gedicht hinzu, um »MU« nochmals zum Ausdruck zu bringen. Es ist sehr direkt und trifft das Wesentliche:

Hund! Buddha-Natur!
Die Wahrheit zeigt sich deutlich.
Ein Augenblick von Ja und Nein:
Verloren sind Leib und Leben.[173]

Zen-Meister Mumon lehrt uns auf sehr eindringliche Weise, wie wir in der Praxis des Zen mit dem *Koan* »MU« vorgehen sollen. Sein Kommentar entstammt dem *Mumonkan*, einer Sammlung von *Koans*. Sechs Jahre lang übte er eifrig mit dem *Koan* »MU«, und eines Tages, als im Kloster die große Trommel geschlagen wurde, um die Mittagszeit anzuzeigen, erfuhr er plötzlich die »Große Erleuchtung«. Die Intensität dieser Erleuchtungserfahrung drücken seine folgenden Verse aus:

Ein Donnerschlag bei klarem blauen Himmel!
Alle Wesen auf Erden haben ihre Augen geöffnet.
Alles unter der Sonne hat sich sogleich verneigt.
Und der Berg Sumeru springt auf und tanzt.[174]

Kurz darauf, nachdem ihm sein Meister Yüeh-lin die Erleuchtungserfahrung bestätigt hatte, schrieb er noch ein weiteres Gedicht, im Versmaß von fünf Schriftzeichen:

MU MU MU MU MU
MU MU MU MU MU
MU MU MU MU MU
MU MU MU MU MU[175]

Quellenverzeichnis

Vorbemerkung: Die Bibel-Zitate in diesem Buch entstammen folgenden Übersetzungen: Einheitsübersetzung, Luther-Bibel (alte und neue Ausgabe), Elberfelder Bibel, Jerusalemer Bibel.

1 Die Allgegenwart des Einen Geistes

1 Garma C. C. Chang, Die buddhistische Lehre von der Ganzheit des Seins, O. W. Barth Verlag, München 1989, S. 227
2 Chang, ebd., S. 235
3 Prabhavananda, Die schönsten Upanischaden, Rascher Verlag, Stuttgart 1962, S. 128
4 Fritjof Capra, Das Tao der Physik, O. W. Barth Verlag, München 1987, S. 198 (Bhagavadgita 9, 7-9)
5 Chang, a.a.O., S. 230
6 Red Pine, Bodhidharmas Lehre des Zen, Theseus Verlag, München 1990, S. 48
7 John Blofeld (Hrsg.), Huang-po, Der Geist des Zen, O. W. Barth Verlag, München 1983, S. 48

2 Vom Ichwahn zum wahren Selbst

8 Nyanatiloka, Buddhistisches Wörterbuch, Verlag Christiani, Konstanz 1952, S. 109
9 J. Blofeld, a.a.O., S. 58 f.
10 Lama Anagarika Govinda, Schöpferische Meditation und Multidimensionales Bewusstsein, Aurum Verlag, Freiburg i. Br. 1977, S. 238
11 Prabhavananda, a.a.O., S. 35
12 Lama Anagarika Govinda, Buddhistische Reflexionen, O. W. Barth Verlag, München 1983, S. 47

13 Heinrich Dumoulin, Begegnung mit dem Buddhismus, Herder Verlag, Freiburg i. Br. 1978, S. 59
14 Henri Le Saux, Der Weg zum anderen Ufer, Diederichs Verlag, Köln 1980, S. 62
15 Josef Quint (Hrsg.), Meister Eckehart, Deutsche Predigten und Traktate, Hanser Verlag, München 1963, S. 308
16 Henri Le Saux, a.a.O., S. 62
17 Prabhavananda, a.a.O., S. 105
18 Hugo M. Enomiya-Lassalle, Zen und christliche Mystik, Aurum Verlag, Freiburg i. Br. 1986, S. 275
19 Hans Torwesten, Vedanta, Walter-Verlag, Freiburg i. Br. 1985, S. 68

3 Innere Umkehr

20 Hans Wolfgang Schumann, Buddhismus, Walter-Verlag, Freiburg i. Br. 1976, S. 59 f.
21 Ladislaus Boros, Aurelius Augustinus, Aufstieg zu Gott, Walter-Verlag, Freiburg i. Br. 1982, S. 11
22 D. T. Suzuki, Zazen, Barth Verlag, München 1988, S. 27
23 Boros, a.a.O., S. 139
24 Quint, a.a.O., S. 107
25 Quint, ebd., S. 97
26 W. Y. Evans-Wentz, Der geheime Pfad der großen Befreiung, O. W. Barh Verlag, Weilheim 1972, S. 354
27 Bettina Bäumer, Befreiung zum Sein, Benziger-Verlag, Einsiedeln 1986, S. 218
28 Boros, a.a.O., S. 11
29 Alla Selawry, Das immerwährende Herzensgebet, O. W. Barth Verlag, München 1980, S. 94
30 Kallistos Ware/Emmanuel Jungclaussen, Hinführung zum Herzensgebet, Herder Verlag, Freiburg i. Br. 1982
31 Quint, a.a.O., S. 312

32 Dietmar Mieth, Meister Eckhart,
Walter-Verlag, Freiburg i. Br. 1979, S. 299
33 Quint, a.a.O., S. 57

4 Im Angesicht des Todes

34 J. M. Sailer (Hrsg.), Thomas a Kempis,
Das Buch von der Nachfolge Christi,
Reclam Verlag, Stuttgart 1980, S. 45 ff.
35 Glenn H. Mullin, Die Schwelle zum Tod,
Diederichs Verlag, Köln 1987, S. 98
36 Philip Kapleau, Die drei Pfeiler des Zen,
Rascher Verlag, Stuttgart 1969, S. 245
37 D. T. Suzuki, Die große Befreiung,
O. W. Barth Verlag, München 1984, S. 62
38 Alan Watts, Der Lauf des Wassers,
O. W. Barth Verlag, München 1976, S. 131
39 Yoel Hoffmann,
Die Kunst des letzten Augenblicks,
Herder Verlag, Freiburg i. Br. 2000
40 Hans Joachim Stein,
Die Kunst des Bogenschießens – Kyudo,
O. W. Barth Verlag, München 1985, S. 117 f.
41 Judith Blackstone/Zoran Josipovic & Naomi
Rosenblatt, Zen für Anfänger,
Rowohlt Taschenbuch Verlag, Reinbek 1987, S. 97
42 Taisen Deshimaru, Zazen,
Kristkeitz Verlag, Berlin 1979, S. 49 ff.
43 Stein, a.a.O., S. 118
44 Detlef-I. Lauf, Geheimlehren tibetischer Totenbücher,
Aurum Verlag, Freiburg i. Br. 1975, S. 226
45 S. Radhakrishnan (Hrsg.), Die Bhagavadgita,
R. Löwit, Wiesbaden o. J., S. 262 f.
46 Garma C. C. Chang, Mahamudra-Fibel,
Octopus Verlag, Wien 1979, S. 46

5 Sehnsucht nach direkter Gotteserfahrung

47 Symeon der Theologe, Licht vom Licht, Kösel-Verlag, München 1951, S. 144
48 Gerhard Wehr, Esoterisches Christentum, Klett Verlag, Stuttgart 1975, S. 109
49 Quint, a.a.O., S. 56
50 Fritz Hungerleider, Das Zen-Seminar, Herder Verlag, Freiburg i. Br. 1976, S. 36
51 Koun Yamada, Die torlose Schranke. Mumonkan, Kösel Verlag, München 1989, S. 289
52 Prabhavananda, a.a.O.
53 Gerhard Wehr, Die deutsche Mystik, O. W. Barth Verlag, München 1988, S. 150
54 Richard Garbe (Hrsg.), Die Bhagavadgita, Wissenschaftliche Buchges., Darmstadt 1978, S. 125 f.
55 Hugo M. Enomiya-Lassalle, Zen-Unterweisung, Kösel Verlag, München 1987, S. 13
56 Karlfried Graf Dürckheim, Mein Weg zur Mitte, Herder Verlag, Freiburg i. Br. 1986, S. 68 f.
57 Quint, a.a.O., S. 60
58 Lassalle, Zen u. chr. M., a.a.O., S. 33
59 Mieth, a.a.O., S. 96
60 Willi Massa (Hrsg.), Der Weg des Schweigens, Verlag Butzon & Bercker, Kevelaer 1984, S. 111
61 Hasso Schelp, Meister Eckhart, Wo Gott keinen Namen hat, Kösel Verlag, S. 48
62 J. Blofeld, a.a.O., S. 85 + 74
63 Herman Büttner (Hrsg.), Meister Eckehart, Schriften, Diederichs Verlag, Jena 1934, S. 102
64 Thomas Cleary, Der Mond scheint auf alle Türen, O. W. Barth Verlag, München 1992, S. 26
65 J. Blofeld, a.a.O., S. 45
66 J. Blofeld, ebd., S. 133

6 Vom nur gedachten Gott zur unaussagbaren göttlichen Wirklichkeit

67 Govinda, Schöpferische Meditation und Multidimensionales Bewusstsein, a.a.O., S. 234
68 D. T. Suzuki, Karuna, O. W. Barth Verlag, München 1989, S. 62
69 Suzuki, Die große Befreiung, a.a.O., S. 61
70 Ware, Aufstieg, a.a.O., S. 38
71 K. O. Schmidt, In Dir ist das Licht, Drei-Eichen-Verlag, München 1959, S. 108
72 Wehr, Esot. Chr., a.a.O., S. 117
73 Louise Gnädinger (Hrsg.), Silesius, Cherubinischer Wandersmann, Manesse Verlag, Zürich 1986, S. 134
74 Zensho W. Kopp, Lao-tse, Tao Te King, Schirner Verlag, Darmstadt 2005, Einführung
75 Wehr, Esot. Chr., a.a.O., S. 122
76 J. Blofeld, a.a.O., S. 92 f.
77 Büttner, a.a.O., S. 264 + 267
78 Mieth, a.a.O., S. 277

7 Lebendige Christusnachfolge

79 Ware, a.a.O., S. 91
80 Otto Betz, Der Humor Jesu und die Fröhlichkeit der Christen, Süddeutsche Verlagsges., Ulm 1981, S. 28
81 Der stumme Jubel, Verlag der Buchgemeinde, Bonn 1926, S. 5
82 Cleary, a.a.O., S. 29
83 K. O. Schmidt, a.a.O., S. 250 + 251
84 Gerhard Stenzel (Hrsg.), Jakob Böhme, Leben und Werke, Mohn Verlag, o. O. u. J., S. 184
85 Thich Nhat Hanh, Lebendiger Buddha lebendiger Christus, Goldmann Verlag, Augsburg 1995, S. 16
86 Silesius, a.a.O., S. 85

87 Gerhard Wehr, Meister Eckhart,
Rowohlt Taschenbuch Verlag, Reinbek 1989, S. 129 f.
88 Fritz Hungerleider, Mein Weg zur Mystik,
Herder Verlag, Freiburg i. Br. 1988, S. 7
89 H. M. Enomiya-Lassalle, Zen-Meditation für Christen,
O. W. Barth Verlag, München 1973, S. 96
90 K. O. Schmidt, Meister Eckeharts Weg zum
Kosmischen Bewusstsein,
Drei-Eichen-Verlag, München 1969, S. 127
91 Boros, a.a.O., S. 68
92 Heinrich Dumoulin,
Östliche Meditation und christliche Mystik,
Verlag K. Alber, Freiburg i. Br. 1966, S.68
93 Lassalle, Zen-Meditation, a.a.O., S. 96 f.
94 Silesius, a.a.O., S. 257
95 Silesius, ebd., S. 46
96 Quint, a.a.O., S. 181
97 Ware, Aufstieg, a.a.O., S. 37 f.
98 H. Dumoulin, Zen, Geschichte und Gestalt,
Francke Verlag, Bern 1959, S. 257 f.
99 Garma C. C. Chang, Die Praxis des Zen,
Aurum Verlag, Freiburg i. Br. 1982, S. 97
100 J. Blofeld, a.a.O., S. 45 + 61
101 Chang, Zen, a.a.O., S. 98 + 107

8 Im Feuer der göttlichen Liebe

102 Der stumme Jubel, a.a.O., S. 275
103 K. O. Schmidt, Licht, a.a.O., S. 7
104 Henri Le Saux, Die Gegenwart Gottes erfahren,
Matthias Grünewald Verlag, Mainz 1980, S. 27
105 Willi Massa (Hrsg.), Die Höhle des Herzens,
Verlag Butzon & und Bercker, Kevelaer 1982, S. 17
106 Heinz Schlöttermann, Religionen der Völker,
Reinhard Verlag, Basel 1958, S. 62

107 K. O. Schmidt, Licht, a.a.O., S. 10
108 K. O. Schmidt, ebd., S. 11
109 K. O. Schmidt, ebd., S. 12
110 Quint, a.a.O., S. 329 + 216
111 Quint, ebd., S. 309
112 J.-M. Varenne, Zen, Heyne Verlag, München 1985, S. 173
113 Dumoulin, Zen, a.a.O., S. 271
114 Quint, a.a.O., S. 146
115 Massa, Schweigen, a.a.O., S. 107 f.
116 Quint, a.a.O., S. 308
117 K. O. Schmidt, Licht, a.a.O., S. 96

9 Die Suche nach dem Meister

118 Mullin, a.a.O., S. 84
119 James Low, Aus dem Handgepäck eines tibetischen Yogi, Theseus Verlag, Berlin 1996
120 J. Blofeld, a.a.O., S. 102
121 Zenkei Shibayama, Zen in Gleichnis und Bild, O. W. Barth Verlag, München 1974, S. 138 f.
122 Yamada, a.a.O., S. 13
123 Suzuki, Karuna, a.a.O., S. 41
124 Prabhavananda, a.a.O., S. 23
125 Chang, Zen, a.a.O., S. 34 ff.
126 Govinda, Buddh. Refl., a.a.O., S. 119 f.
127 Govinda, ebd., S. 120

10 Meditation und gelebte Spiritualität

128 Cleary, a.a.O., S. 116
129 Heinrich Zimmer, Der Weg zum Selbst, Diederichs Verlag, Düsseldorf 1981, S. 90 f.
130 Aghathe Wydler, Bodhidharmas Lehre des Zen, Theseus, 1999, S. 43
131 Govinda, Schöpferische Meditation, a.a.O., S. 87
132 Govinda, ebd., S. 87

133 Chang, Zen, a.a.O., S. 99
134 Pine, a.a.O., S. 50
135 Quint, a.a.O., S. 59
136 Die Wolke des Nichtwissens, Einsiedeln 1980, S. 150
137 Wilhelm Gundert (Hrsg.), Bi-yän-lu, Niederschrift von der smaragdenen Felswand, Carl Hanser Verlag, München 1960, S. 37

11 Das Zen der alten chinesischen Chan-Meister

138 Chang, Zen, a.a.O., S. 39
139 Cleary, a.a.O., S. 65
140 Zenkei Shibayama, Zen in Gleichnis und Bild, a.a.O., S. 66
141 Suzuki, Leben, a.a.O., S. 89
142 Suzuki, Leben, ebd.
143 Suzuki, Karuna, a.a.O., S. 49
144 Suzuki, ebd., S. 49 f.
145 Suzuki, ebd., S. 54
146 Suzuki, ebd., S. 55
147 Suzuki, ebd., S. 55
148 Suzuki, ebd., S. 56
149 Suzuki, ebd., S. 56
150 Suzuki, Zazen, a.a.O., S. 82
151 Suzuki, ebd., S. 82
152 Suzuki, ebd., S. 82
153 Suzuki, ebd., S. 83
154 Suzuki, ebd., S. 115
155 J. Blofeld, a.a.O., S. 73

12 Die Freiheit des Zen

156 Cleary, a.a.O., S. 42
157 Cleary, ebd., S. 62
158 Cleary, ebd., S. 62
159 J. Blofeld, a.a.O., S. 49 f.

160 D. T. Suzuki, Erfülltes Leben aus Zen,
O. W. Barth Verlag, München 1973, S. 223
161 Suzuki, a.a.O.
162 Lexikon der östlichen Weisheitslehren,
O. W. Barth Verlag, München 1986, S. 238
163 Anne Bancroft, Religion des Ostens,
Theseus Verlag, Zürich 1974, S. 145
164 Namkhai Norbu, Der Kristallweg,
Diederichs Verlag, München 1989, S. 94
165 Meister Lin-chi, Begegnungen und Reden,
Ammann Verlag, Zürich 1986, S. 76 + 65 + 80
166 Meister Lin-chi, ebd., zitiert nach S. 91-92
16 7 Zenkei Shibayama, Zu den Quellen des Zen,
Heyne Verlag, München 1986
168 Zenkei Shibayama, ebd.
169 Zenkei Shibayama, ebd.
170 Zenkei Shibayama, ebd.
171 Blofeld, a.a.O., S. 88 + 104
172 Zenkei Shibayama, a.a.O., zitiert nach S. 40
173 Zenkei Shibayama, ebd., S. 32
174 Zenkei Shibayama, ebd., S. 21
175 Lexikon, a.a.O., S. 445

Glossar

Advaita-Vedanta Skrt., eines der drei wesentlichen philosophischen, theologischen Systeme im hinduistischen Vedanta. Sein wesentlicher führender Vertreter war Shankara (9. Jh.), einer der größten Heiligen und Philosophen Indiens. Der Advaita-Vedanta lehrt, dass der göttliche Allgeist →Brahman, das Selbst →Atman und die äußere Erscheinungswelt vollkommen eins sind. In Shankaras Viveka-Chudamani, dem »Kleinod der Unterscheidung«, steht: »Du bist Brahman, reines Bewusstsein, der Zuschauer aller Erfahrungen und dein wahres Wesen ist Glückseligkeit.«

Amida jap. für →Amitabha (Skrt.)

Amitabha Skrt., »Grenzenloses Licht«, jap. »Amida«. Einer der wichtigsten Buddhas im →Mahayana-Buddhismus. Er ist der Buddha des »westlichen Paradieses« →Sukhavati, das keinen bestimmten Ort, sondern einen Bewusstseinszustand grenzenlosen Lichtes von Liebe und Erkenntnis meint. Nach der Lehre des Shin-Buddhismus wird jeder, der im tiefen Vertrauen Amitabhas Namen anruft (vor allem in der Todesstunde), im Sukhavati-Paradies wiedergeboren. In der »Reines Land«-Schule lautet die Anrufung Namu Amida Butsu, »Verehrung dem Buddha Amitabha« →Nembutsu.

Anfänger-Geist →Shoshin

Anitya Skrt., wörtl.: »Unbeständigkeit, Vergänglichkeit«.

Im Buddhismus eines der drei Merkmale alles bedingt Entstandenen und somit alles Seienden. Alles, was entstanden ist, dauert eine Weile an und zerfällt dann wieder – es entsteht, besteht und vergeht. Unbeständigkeit ist das Grundgesetz des ganzen Daseins. Aus ihm leiten sich die beiden weiteren Daseinsmerkmale ab: »Nicht-Wesenhaftigkeit (Anatman)« und »Leidhaftigkeit (Duhkha)«.

Atman Skrt. Im Hinduismus das unsterbliche wahre Selbst des Menschen. Als absolutes Bewusstsein ist es der unbeteiligte Zuschauer hinter allen Erfahrungen und identisch mit →Brahman.

Avalokiteshvara Skrt., »der Herr, der auf alles herabschaut oder der die Rufe der Welt erhört«. Er ist der →Bodhisattva des Mitgefühls und verkörpert das allumfassende Mitgefühl (→Karuna) mit allen leidenden Wesen. Er trägt auch den Beinamen »Mahakaruna«, das große Erbarmen, einer der wesentlichen Aspekte eines Buddha. Der andere wesentliche Aspekt eines Buddha ist Weisheit (→Prajna) – in besonderer Weise von dem Bodhisattva →Manjushri verkörpert. Avalokiteshvaras grenzenloses Erbarmen zeigt sich in seiner ständigen Bereitschaft, allen Wesen, die sich in ihrer Not an ihn wenden, zu helfen. Avalokiteshvara wird in Tibet als →Chenresi verehrt, in China als →Kuan-yin und in Japan als →Kannon (auch Kwannon oder Kanzeon).

Avatamsaka-Sutra Skrt.→Hua-yen

Avidya Skrt., wörtl.: »Nichtwissen, Nichterkenntnis«. Avidya gilt als die Grundursache für das Gebundensein an den →Samsara – den Kreislauf von Geburt und Tod. Das Nichtwissen ist die Wurzel allen Leidens, denn es ist jene Geistesverfassung, die mit der Wirklichkeit nicht übereinstimmt. Im →Mahayana-Buddhismus wird Avidya als die Nichterkenntnis der Leere (→Shunyata) aller Dinge bezeichnet. Die Nichterkenntnis der trügerischen Natur aller Erscheinungen ist somit die eigentliche Ursache allen Leidens.

Bardo tibet., wörtl.: »Zwischenzustand«, bezieht sich auf den Zwischenzustand zwischen Tod und Wiedergeburt. Die buddhistische Lehre betont sehr stark die richtungsbestimmende Kraft des Geisteszustandes eines Sterbenden (das heißt tugendhaft, nicht tugendhaft oder neutral) und auch die negativen Einflüsse von Gier, Hass und Verblendung während des Bardo selbst.

Bi-yän-lu chin., wörtl.: »Niederschrift von der smaragdenen Felswand«, jap. Hekigan-roku. Die wichtigste Koan-Sammlung des Zen-Buddhismus (→Zen) neben dem →Mumonkan. Sie wurde im zwölften Jahrhundert von dem chinesischen Zen-Meister Yuän-wu, einem der bedeutendsten Meister in der Geschichte des Zen herausgegeben. Es handelt sich hierbei um eine Sammlung von 100 →Koans, die, mit zusätzlichen Texten versehen, zu den Höhepunkten der gesamten Zen-Literatur gehören.

Bodhi Skrt., wörtl.: »Erwachen, Erleuchtung«. →Satori

Bodhichitta Skrt., »Erleuchtungsgeist«, das Bestreben, Erleuchtung zum Wohl aller Wesen zu erlangen, um sie aus dem Leid zu befreien. Auch der direkte Ausdruck des erwachten Geistes selbst.

Bodhisattva Skrt., wörtl.: »Erleuchtungswesen«. Ein Mensch, der nach dem Erreichen der Erleuchtung (→Satori) sein Leben in den Dienst anderer Menschen stellt, um ihnen zur Befreiung zu verhelfen. Die Bezeichnung Bodhisattva wird auch oft für einen zukünftigen →Buddha angewandt.

Brahman Skrt., das eine, ewige, alles durchdringende Absolute, Ursprung und Träger des ganzen Universums. Die Philosophie des Vedanta (→Advaita-Vedanta) lehrt, dass Brahman, das überpersonelle Absolute, und →Atman, das wahre Selbst in allen Wesen, eins sind. Brahman, die allein seiende Wirklichkeit, ist die Essenz und das Selbst (Atman) allen Seins. Das Viveka-Chudamani, eine der bedeutendsten Schriften des Advaita-Vedanta, sagt: »Atman ist eins mit Brahman. Dies ist die höchste Wahrheit: Brahman allein ist wirklich. Es gibt nichts anderes als ihn. Wenn er als die höchste Wirklichkeit erkannt ist, existiert nichts anderes als Brahman.« Die Erkenntnis, dass Brahman und Atman eins sind, gilt als das höchste Ziel, weil sie Befreiung von dem Gebundensein an den →Samsara, den Kreislauf von Geburt und Tod bringt.

Buddha Skrt., wörtl.: »der Erwachte«. 1. Der historische Buddha Shakyamuni, der ca. 563 v. Chr. in Indien geboren wurde. 2. Ein Mensch, der die zur Befreiung aus dem Kreislauf von Geburt und Tod (→Samsara) führende vollkommene Erleuchtung (→Satori) verwirklicht hat. 3. Die letzte Wahrheit, das wahre Wesen allen Seins.

Buddha-Dharma Skrt. (jap. Buppo), das »Buddha-Gesetz«. Die Lehre des historischen Buddha Shakyamuni. Im →Zen bezeichnet Buddha-Dharma jedoch nicht die Lehre, die durch Worte vermittelt werden kann, sondern die dem unterscheidenden, begrifflichen Denken unzugängliche höchste Wahrheit. Es ist jene essentielle Wahrheit, die zu Buddhas Lehre führte und die nur in einem unmittelbaren Begreifen, in der Erleuchtungserfahrung (→Satori), erfasst werden kann.

Buddha-Natur Skrt., »Buddhata«, die wahre Natur aller Wesen. Sie ermöglicht dem Menschen, Erleuchtung (→Satori) zu erlangen.

Chakra Skrt. →Kundalini

Chan chin. für →Zen (jap.)

Chenresi tibet., wörtl.: der »Herr, der seinen Blick nicht vom Leiden abwendet«. Die tibetische Form des →Boddhisattvas →Avalokiteshvara. Ihm ist das in Tibet am meisten rezitierte →Mantra →OM MANI PADME HUM gewidmet.

Daigo-Tettei jap., wörtl.: »Großes →Satori, das bis zum

Boden reicht«. Höchste vollkommene Erleuchtung. Eines seiner wesentlichen Merkmale ist das Erleben der leeren Weite und die Aufhebung aller Gegensätzlichkeit mit dem Zunichtewerden des kleinen Ichs. Weiterhin das Erlebnis, dass das ganze Universum und der Selbst-Geist vollkommen identisch sind.

Dharma Skrt., ein Begriff mit unterschiedlicher Bedeutung. Die Lehren des →Buddha. Die universelle Ordnung und ihre Gesetzmäßigkeit. In diesem Buch hauptsächlich im Sinne der Lehre des →Zen gebraucht.

Dharmakaya Skrt., »Körper der großen Ordnung«. Das unbeschreibbare wahre Wesen der →Buddhas, zugleich das Wesen des Universums.

Dorje tib., »Diamant«. →Vajra

Dzogchen tibet.→Mahamudra

Erleuchtung →Satori

Erleuchtungsgeist →Bodhichitta

Großer Tod →Satori

Hara jap., wörtl.: »Bauch, Unterleib«. Dieser im →Zen gebräuchliche Begriff bezeichnet den etwa drei Fingerbreit unterhalb des Bauchnabels befindlichen Bereich als die Mitte allen Seins. Es ist die Mitte des Menschen und zugleich der Mittelpunkt des Universums. Durch die Praxis des →Zazen und die richtige Atmung entsteht in diesem Zentrum große Energie und Kraft. Als das Zentrum der Energie ist Hara im Zen der Ausgangspunkt aller Aktivität (etwa im Sinne von »aus dem Bauch handeln«, aber im Zen doch noch viel weiter gehend).

Hinayana Skrt., »kleines Fahrzeug«. Älteste Schule der beiden Hauptrichtungen des Buddhismus. Die ursprünglich abfällige Bezeichnung »kleines Fahrzeug« stammt von den Vertretern des späteren →Mahayana-Buddhismus. Das Bestreben der Hinayana-Buddhisten ist vorwiegend auf die Erlangung der eigenen Befreiung aus dem →Samsara, dem Kreislauf von Geburt und Tod ausgerichtet. Der Befreiung anderer Wesen aus dem Leidensmeer des Samsara wird dabei wenig Beachtung geschenkt. In dem Rettungsboot des kleinen Fahrzeugs ist nur Platz für eine Person. Das Hinayana wird als die erste Stufe von Buddhas Lehre angesehen. Erst später offenbarte →Buddha die vollkommene Lehre des Mahayana.

Hishiryo jap., wörtl.: »das dem Denken Unermessliche« oder auch: Denken ohne zu denken.

Ho! chin. Dieser kraftvolle, laute Schrei dient Zen-Meistern oft als schockartiges Ausdrucksmittel, um das fixierte, unterscheidende Denken des Schülers zu sprengen.

Hua-yen chin., (jap. Kegon, Skrt. Avatamsaka), wörtl.: »Blumenschmuck« oder »Girlande«; ursprünglich der Name eines umfangreichen →Mahayana-Textes. Das

Hua-yen wird von vielen chinesischen und japanischen Buddhisten als die Krone aller buddhistischen Lehren und als die Vollendung buddhistischen Denkens und Erkennens betrachtet. Hua-yen ist die Lehre des ganzheitlichen Seins, und zugleich eine Synthese aller wesentlichen Gedanken des Mahayana. Im Hua-yen wird der universelle Eine Geist mit einer grenzenlosen Meeresoberfläche verglichen, in der alle Dinge und Ereignisse in einem gegenseitigen Durchdringen ein allumfassendes Ganzes sind, das alles in sich beschlossen hält. Alles befindet sich in vollkommener Harmonie miteinander, denn alles ist die Manifestation des einen Prinzips – ähnlich den Wellen auf dem Meer. Alles im Universum, ob belebt oder unbelebt, ist somit der Eine Geist, neben dem nichts anderes existiert.

Ishin-Denshin jap., wörtl.: »den Geist durch den Geist übermitteln«. Ein wesentlicher Begriff des →Zen, oft auch übersetzt mit »Übertragung von Herz-Geist zu Herz-Geist«. Der Begriff stammt aus dem Plattform-Sutra des sechsten Patriarchen Hui-neng. In diesem →Sutra erklärt Hui-neng, dass die Wahrheit des Zen nur durch eigene Erfahrung in einem unmittelbaren Verstehen der wahren Natur möglich ist. Gelehrsamkeit durch Buchwissen ist wertlos – daher auch das Zerreißen der Sutras bei Hui-neng. Zen-Meister Huang-po sagt: »Es gibt kein Verständnis durch Worte, sondern nur eine Übertragung von Geist zu Geist.«

Joriki jap. Die durch Zen-Meditation (→Zazen) erworbene Kraft der Konzentration.

Kannon, Kanzeon oder auch Kwannon, jap. für den →Bodhisattva →Avalokiteshvara.

Karma Skrt., wörtl.: »Handlung oder Tat«. Das Gesetz von Ursache und Wirkung, nach dem alle Gedanken und Handlungen eine entsprechende Wirkung nach sich ziehen. Hierdurch bestimmen wir die Qualität unseres eigenen Lebens und beeinflussen das Leben anderer.

Karuna Skrt., wörtl.: »Mitgefühl«, allumfassendes Mitgefühl (→Avalokiteshvara). Eine der beiden Haupttugenden im →Mahayana-Buddhismus; die andere ist →Prajna. (→Avalokiteshvara)

Kensho jap., Selbst-Wesensschau. →Satori

Kin-hin jap., Übung der Geh-Meditation, wird in der Regel zehn bis fünfzehn Minuten zwischen den einzelnen →Zazen-Sitzzeiten praktiziert. Im traditionellen →Rinzai-Zen ist der Laufschritt schnell und zügig, im →Soto-Zen hingegen sehr langsam. Einige zeitgenössische Zen-Meister geben oft ein mittleres, zwischen diesen beiden Gangarten liegendes Tempo vor.

Koan jap., wörtl.: »öffentlicher Aushang«, (chin. Kung-an). Im →Zen die Bezeichnung für eine paradoxe Aussage eines Zen-Meisters, die auf die letztendliche Wahrheit verweist. Ein Koan soll dem Schüler des Zen dazu verhelfen, das unterscheidende, dualistische Denken zu überwinden, um die Wahrheit jenseits allen Denkens zu erfahren. Koans spielen eine wichtige Rolle in der

Zen-Schulung. Ein Koan enthält eine Frage, auf die es für den Verstand keine Antwort gibt. Um es zu lösen, bedarf es einer höheren Intuition (→Prajna). Ein Koan ist jedoch alles andere als ein Rätsel, da es an den Schüler die Anforderung stellt, jegliches sich Stützen auf eine normale Weise des Verstehens aufzugeben. Die Antwort liegt außerhalb der Logik und soll den Schüler zum Durchbruch, zur erleuchteten Klarschau des Geistes (→Satori) verhelfen.

Kreislauf von Geburt und Tod →Samsara

Kuan-yin chin. für →Avalokiteshvara

Kundalini Skrt., »Schlangenkraft«. Die in jedem Menschen im Muladhara-Chakra am unteren Ende der Wirbelsäule ruhende spirituelle Energie. Wird sie erweckt, steigt sie die Wirbelsäule hinauf und durchdringt die einzelnen Chakras (Zentren subtiler, feinstofflicher Energie), bis sie den tausendblättrigen Lotus des Sahasrara-Chakra über dem Scheitelpunkt des Kopfes erreicht. Dort im siebten Zentrum außerhalb des grobstofflichen Körpers vereinigt sich diese kosmische Energie schließlich mit dem Göttlichen.

Leere, Leerheit →Shunyata

Lila Skrt., wörtl.: »Spiel«. Im Hinduismus ist Lila das göttliche Spiel in der Erscheinungswelt. Die gesamte Schöpfung wird als das Spiel Gottes bezeichnet.

Mahamudra Skrt., »Großes Symbol«. Hauptsächliche Lehre der Kagyü-Schule des tibetischen →Vajrayana-Buddhismus. Mahamudra wird auch als das »Große Siegel« übersetzt. Hierdurch wird die Bedeutung der Endgültigkeit, wie bei einem Siegel, zum Ausdruck gebracht. Ähnlich wie bei der Dzogchen-Praxis (→Dzog-chen) in der Nyingma-Linie geht es bei der Mahamudra-Praxis darum, die Licht-Natur des Geistes direkt zu erkennen und so zur Erleuchtung (→Satori) zu gelangen.

Mahayana Skrt., wörtl.: »Großes Fahrzeug«, im Gegensatz zur früheren orthodoxen Schulrichtung des →»Hinayana«. Der Mahayana-Buddhismus misst dem allumfassenden Mitgefühl (→Karuna) und dem Wunsch, allen Wesen zur Befreiung zu verhelfen, eine größere Bedeutung zu als der Enthaltsamkeit. Das Mahayana bezieht auch die helfende Kraft der →Buddhas und →Bodhisattvas mit ein.

Mahayana-Buddhismus, Mahayana-Lehre →Mahayana

Maitri Skrt., wörtl.: »Güte und Erbarmen«. Eine der Haupttugenden im Buddhismus. Es ist die von allen Anhaftungen freie, großzügige Güte gegenüber allen Wesen.

Maitreya Skrt. (jap. Miroku), wörtl.: »Der All-Liebende«. Einer der fünf irdischen→Buddhas, die Verkörperung der allumfassenden Liebe. Als letzter irdischer Buddha wird dieser sich zur Zeit im Tushita-Himmel aufhaltende Buddha von den Mahayana-Buddhisten als kommender Weltenlehrer in etwa dreißigtausend Jahren erwartet.

Maitri-Karuna wörtl.: »Güte und Mitgefühl«. Grundlegende Geisteshaltung eines →Bodhisattva, die in seinem Wunsch, alle Wesen zur Befreiung zu führen, zum Ausdruck kommt.

Makyo jap., etwa: »teuflische Phänomene«, trügerische, ablenkende Erscheinungen und Empfindungen, die bei der Zen-Meditation (→Zazen) auftreten können. Makyos können in sehr unterschiedlicher Weise auftreten; als schöne Klänge, Gerüche, Gesichter, prophetische Visionen, manchmal auch als Levitation. Makyos sind jedoch durchaus harmlos, solange der Zazen-Praktizierende ihnen keine Beachtung schenkt und in seiner Übung unbeirrt fortfährt.

Manjushri Skrt. (jap. Monju), wörtl.: »Der edel und sanft ist«. Einer der bedeutendsten →Bodhisattvas im →Mahayana-Buddhismus. Manjushri ist die Verkörperung der Weisheit. Er wird meistens mit seinem Schwert der Weisheit, beim Durchschlagen der Unwissenheit dargestellt. Seine tantrische zornvolle Erscheinung ist die des stierköpfigen Yamantaka, des Bezwingers des Todes.

Mantra Skrt., eine mit spiritueller Kraft geladene Silbe oder eine Reihe von Silben, die der Praktizierende verbal oder im Geist rezitiert. Die ständige Wiederholung eines Mantra führt über die Läuterung des Denkens zur Verwirklichung des wahren Wesens. Ein Mantra ist jedoch nur dann mit transformierender Macht ausgestattet, wenn man es persönlich – direkt vom Meister erhalten hat (→OM MANI PADME HUM).

Mara Skrt., Pali, wörtl.: »Mörder, Zerstörer (des Lebens)«. Mara ist die Verkörperung der Hindernisse auf dem Weg zur Befreiung. Als der Versucher und die Erscheinungsweise des Unheilsamen kann man ihn mit dem christlichen Teufel, dem »Vater der Lüge« vergleichen. Als Maras Gehilfinnen gelten seine drei Töchter: rati – die Lust, avati – die Unzufriedenheit und tanha – die Gier. Außerdem steht Mara ein ganzes Heer von Dämonen zur Seite.

Maya Skrt., wörtl.: »Illusion, Schein, Täuschung«. In der Vedanta-Philosophie (→Vedanta) ist Maya die Macht der großen Illusion. Sie verschleiert dem Menschen die Sicht, so dass er die letzte Wirklichkeit →Brahman nicht erkennen kann. Shankara bringt Maya mit →Avidya, dem Nichtwissen in Verbindung. Das Nichtwissen, das heißt das Nichterkennen der letzten Realität Brahman bringt durch Verschleierung die Wahnvorstellung einer äußeren Erscheinungswelt in Raum und Zeit hervor. Der →Mahayana-Buddhismus bezeichnet Maya als eine Täuschung oder Illusion, so wie ein von einer Fata Morgana erzeugtes Trugbild. Die einzelnen Dinge sind bedingt und haben keine Existenz aus sich selbst, sie sind letztlich leer (→Shunyata) und reine Vorstellung.

Ming-Dynastie chinesische Zeitepoche, 1368 – 1644

Mondo jap., »Frage-Antwort«, (chin. »Wen-ta«,) ein Dialog zwischen Zen-Meister und Schüler, oft aber auch nur zwischen Meistern. Auf eine die buddhistische Wahrheit oder ein existentielles Problem betreffende

Frage erhält der Schüler meistens eine paradoxe Antwort (→Koan), die sich vom Verstand nicht einordnen lässt. Die Absicht, die dahinter liegt, ist, die Schranken des unterscheidenden, begrifflichen Denkens zu sprengen, so dass der Schüler eine Antwort aus seinem innersten Herz-Geist erhalten kann.

Ein sehr bekanntes Mondo ist: »Ein Zen-Mönch fragte Zen-Meister Joshu: ›Was ist der Sinn dessen, dass der erste Patriarch aus dem Westen gekommen ist?‹ Joshu sagte: ›Die Zypresse im Hof.‹«

Mu jap. (chin. Wu), wörtl.: »nichts, Nicht-Sein, ist nicht, hat nicht, un-, kein«. Einer der zentralen Begriffe des →Zen und des →Taoismus. Er bezeichnet das vollkommene Freisein von allen Identifikationen und Anhaftungen und steht auch für die Verwirklichung der Leere (→Shunyata). In der bekannten Koan-Sammlung des →Mumonkan begegnen wir dem »Mu« im ersten Beispiel »Joshus Hund«, im Zen wird es auch »das →Koan Mu« genannt: »Ein Mönch fragte Meister Joshu ehrerbietig: ›Hat ein Hund die →Buddha-Natur oder nicht?‹ Joshu antwortete: ›Mu‹«.

Mudra Skrt., Handhaltung mit symbolischer Bedeutung.

Mumonkan jap., wörtl.: »Die torlose Schranke«. Neben dem →Bi-yän-lu die bedeutendste Koan-Sammlung des Zen-Buddhismus (→Zen). Es enthält eine Sammlung von 48 →Koans, zusammengestellt und mit kurzen Zen-Darlegungen versehen von Zen-Meister Mumon (13. Jh.).

Mushin jap. (chin. Wu-hsin); »Nicht-Denken, Abgeschiedenheit des Geistes«. Eine vollkommen absichtslose, natürliche Geistesverfassung jenseits allen Denkens.

Nembutsu jap. (chin. Nien-fo), Anrufung des Namens von →Buddha →Amitabha. Die wesentliche Meditationsform der buddhistischen Schule des Reinen Landes (→»Reines Land«-Schule). Die rezitierte Anrufung lautet: »Namu Amida Butsu« (jap. für »Verehrung dem Buddha Amitabha«). Das im vollkommenen Vertrauen und mit absoluter Hingabe rezitierte Nembutsu führt zur Wiedergeburt im →Sukhavati, dem Westlichen Paradies des Buddha Amitabha.

Nirvana Skrt., wörtl.: »Verlöschen«. Der Zustand vollkommener Befreiung (→Erleuchtung) im Gegensatz zu →Samsara, dem Gebundensein an den Kreislauf von Geburt und Tod. Der →Zen-Buddhismus sieht Nirvana nicht als getrennt von der Welt, sondern als einen Bewusstseinszustand, in dem der Mensch sein wahres Wesen verwirklicht und somit das Leiden überwindet.

OM altindisches, heiliges Symbol. Es ist eines der wichtigsten →Mantras im →tantrischen Buddhismus, das im ganzen Osten verbreitet ist. Es bezeichnet die allumfassende, alles durchdringende Gegenwart des Absoluten im Universum. Es ist der heilige Urklang, der allgemein den Anfang und die Essenz des gesamten Kosmos als Schwingung wiedergibt. (siehe auch →Mantra und →OM MANI PADME HUM)

OM MANI PADME HUM Skrt., wörtl.: »→OM, Juwel (im) Lotus, HUM«. Anrufungsformel für den →Bodhisattva →Avalokiteshvara. »OM« und »HUM« kennzeichnen in diesem →Mantra den Anfang und das Ende und symbolisieren die Totalität. Die Bedeutung von »Juwel im Lotus« bezieht sich auf die Gleichsetzung des Juwels mit dem Erleuchtungsgeist (→Bodhichitta) mit dem Wunsch, ihn im Lotus des Bewusstseins zu erwecken. Die Tibeter wiederholen dieses Mantra ständig, um ihre eigene Hingabe und Verbundenheit mit Avalokiteshvara, dem Bodhisattva des Mitgefühls, zu stärken.

Prajna Skrt., wörtl.: »Weisheit« (Pali: Panna, jap. Hannya). Im →Mahayana-Buddhismus ist Prajna die intuitiv erlebte Einsicht in die Leere (→Shunyata) aller Erscheinungsformen. Prajna ist eines der wesentlichen Kennzeichen der Buddhaschaft.

Pratitya-Samutpada Skrt., wörtl.: »Entstehen in wechselseitiger Bedingtheit und Abhängigkeit«. Die Lehre von der Kette des bedingten Entstehens ist die Grundlage aller buddhistischen Schulen. Ein tieferes Verständnis des Buddhismus hängt vom Begreifen dieser Lehre ab. Der Pratitya-Samutpada zeigt, dass alle Erscheinungen nur eine empirische Gültigkeit haben und letztlich ohne Wirklichkeit sind. Alle Erscheinungen stehen in einem kausalen bzw. konditionalen Abhängigkeitsverhältnis voneinander und zueinander. Etwas nicht Abhängiges, aus sich selbst Seiendes, lässt sich nicht auffinden.

Reines Land (chin. Ching-tu, jap. Jodo) →Sukhavati

»Reines Land«-Schule →Amitabha

Rinzai-Schule (chin. Lin-chi-tsung, jap. Rinzai-shu). Neben der →Soto-Schule eine der beiden vorherrschenden Schulen des Zen-Buddhismus (→Zen) in Japan. Das hervorstechende Merkmal des Rinzai ist die systematische Verwendung von →Koans zur Verwirklichung der Erleuchtung (→Satori).

Roshi jap., wörtl.: »alter, verehrungswürdiger Meister«. Ursprünglich Titel eines Zen-Meisters. In alter Zeit konnte ein Zen-Mönch diesen Titel nur sehr schwer erringen. Er wurde nur jenen verliehen, die anerkanntermaßen den →Buddha-Dharma durch unmittelbare Erfahrung verwirklicht hatten und fähig waren, ihn in den Alltag zu übertragen. Vollkommene Erleuchtung (→Satori) und eine reife Persönlichkeit mit einem standhaften Charakter waren die notwendige Voraussetzung. Heutzutage sind wirkliche, voll erleuchtete Zen-Meister in Japan äußerst selten anzutreffen. Die Bezeichnung »Roshi« ist heute zu einem allgemeinen Titel eines Zen-Lehrers, egal ob Mönch oder Laie, entwertet worden. Aus Achtung vor ihrem Alter und ihrer Position werden Mönche oft als »Roshi« angesprochen, so dass diese Bezeichnung heute leer und nichtssagend geworden ist.

Samadhi Skrt. (jap. Sanmai oder Zanmai), wörtl.: »Festmachen, Fixieren«. Ein Zustand der Absichtslosigkeit und Freiheit von Gedanken. Es ist die durch die Beruhigung der Geistestätigkeit hervorgerufene Sammlung auf ein einziges Objekt. In diesem nicht-dualistischen Bewusstseinszustand wird der Meditierende mit dem Objekt der Meditation vollkommen eins. Jeglicher Dualismus und der Glaube an ein für sich bestehendes, von allem anderen getrenntes Selbst sind im Samadhi überwunden. Dieser von allem Denken freie Bewusstseinszustand des Samadhi ist aber keine Stumpfheit oder Gefühlslosigkeit. Vielmehr handelt es sich hierbei um das hellklare Gewahrsein des Geistes. Der im Samadhi Versunkene erlebt ein intensives Gefühl von Beseligung psychisch-physischer Natur, das unendlich größer ist als alles, was er zuvor je erlebt hat.

Samsara Skrt., wörtl.: »Wanderung«. Der Kreislauf von Geburt und Tod. Das Ziel aller Buddhisten und Hinduisten ist die Befreiung aus dem Samsara und somit die Überwindung des Leidens. Es ist die Befreiung aus dem Gebundensein an das Rad von – Geburt, Altern, Verzweiflung, Krankheit, Schmerz und Tod.

Sat-Chit-Ananda Skrt., wörtl.: »Sein (Sat), Bewusstsein (Chit), Glückseligkeit (Ananda)«. Im →Vedanta bezeichnet dieser Ausdruck die in der Erfahrung der →Erleuchtung erlebte unaussagbare Wirklichkeit des Absoluten, →Brahman, als absolutes Sein, grenzenloses Bewusstsein und Glückseligkeit.

Satori jap. (chin. Wu). Zen-Begriff für das Erlebnis der Erleuchtung, das heißt des Erwachens. Satori ist weit mehr als ein intuitives Begreifen des wahren Wesens bei einer Kensho-Erfahrung (→Kensho), da derjenige, der Satori erfährt, vollkommen in ihm aufgeht. Satori wird im →Zen als die Wiedergeburt des wahren Selbst beschrieben, nachdem das falsche, illusorische Selbst, der Ichwahn, den »Großen Tod« gestorben ist.

Sesshin jap., wörtl.: »Sammeln des Herz-Geistes«. Mehrtägige intensive →Zazen-Sitzungen, unterbrochen von Ansprachen des Meisters und der Möglichkeit zum Einzelgespräch (Dokusan).

Shastra Skrt., wörtl.: »Lehrbuch, Belehrung«.

Shikantaza jap., »Nur-Sitzen«. →Soto-Schule

Shoshin jap., »Anfänger-Geist«. Die zur Zen-Schulung unter einem Meister notwendige wahre Geistesverfassung eines Zen-Schülers. Es ist jene offene Geisteshaltung, in der der Schüler erkennt, dass er nichts weiß. Es ist die unbedingte Voraussetzung zum Loslassen all dessen, was Sinne und Verstand zu fassen vermögen.

Shunyata Skrt. (jap. Ku), wörtl.: »Leere, Leerheit«. Der Mahayana-Lehre zufolge besitzen alle Dinge keine selbständige dauerhafte Substanz. Alle Dinge sind leer und somit ohne Selbstnatur. Die Shunyata-Lehre ist eines der grundlegenden Merkmale des gesamten →Mahayana-Buddhismus und somit auch des →Zen. Sie ist sehr subtil und in Worten nicht aussagbar. Obwohl eine sehr umfangreiche Literatur dieses Thema behandelt, wird Shunyata nur dem wirklich voll begreiflich sein, der sie selbst in der Erleuchtungserfahrung (→Satori) erlebt hat.

Skandha Skrt.(Pali: Khandha), »Gruppe, Anhäufung«. Im Buddhismus die fünf Gruppen, aus denen sich das, was man allgemein als die menschliche Persönlichkeit bezeichnet, zusammensetzt und bestimmt wird. 1. (Rupa), Körperlichkeitsgruppe; 2. (Vedana), Empfindungsgruppe; 3. (Samjna), Wahrnehmungsgruppe; 4. (Samskara), Geistesregungen, psychische Formkräfte; 5. (Vijnana), Bewusstsein. Das, was wir im Allgemeinen als unsere Perönlichkeit bezeichnen, ist in Wirklichkeit nichts weiter als ein bloßer Prozess dieser psychisch-physischen Phänomene.

Soto-Schule (chin. Tsao-tung-tsung, jap. Soto-shu). Neben der →Rinzai-Schule eine der beiden vorherrschenden Schulen des Zen-Buddhismus (→Zen) in Japan. Das Soto benutzt im Gegensatz zum Rinzai keine →Koans als Hilfsmittel, sondern praktiziert ein Zen des ausschließlichen Nur-Sitzens →Shikantaza, wörtl.: »nichts als sitzen«. Wegen seinem Beharren auf der Gleichsetzung des →Zazen mit der Erleuchtung (→Satori) wurde das Soto auch »stilles Erleuchtungs-Zen« genannt.

Sukhavati Skrt., »das Glückvolle«, das westliche Paradies, das von →Buddha →Amitabha regiert wird. Eine Wiedergeburt im Sukhavati-Paradies bewirkt, dass man nicht mehr in eine Wiedergeburt in andere Bereiche zurückfallen kann (→Nembutsu).

Sung-Dynastie chinesische Epoche, 960 – 1278

Sutra Skrt., wörtl.: »Leitfaden«. Sutras sind die wichtigsten Texte des Buddhismus. Die meisten Sutren sind Lehrreden →Buddhas. Im →Mahayana-Buddhismus wurden später viele zusätzliche Sutras verfasst und als autoritativ angesehen. Ihre Entstehungszeit liegt zwischen dem 1. Jh. v. Chr. und dem 6. Jh. n. Chr.

Tang-Dynastie chinesische Epoche, 618 – 906; Zeit der Hochblüte des Zen-Buddhismus (→Zen).

Tantrayana →Vajrayana

Tantrischer Buddhismus →Vajrayana

Tao chin., wörtl.: »Weg«, zentraler metaphysischer Begriff des →Taoismus. Das Tao ist das Absolute, das grundlegende allumfassende Prinzip; die letztendliche Wahrheit. Das Tao bildet den Mittelpunkt von Lao-tses →Tao Te King und der Lehre des Chuang-tse. Das Ziel aller Taoisten ist, im Einklang mit dem Tao zu leben. Verstandesmäßige Erkenntnis ist nicht ausreichend, es geht vielmehr darum, die Einheit, Einfachheit und →Leerheit des Tao zu verwirklichen. »Absichtsloses Handeln«, →Wu-wei, wörtl.: Nicht-Tun, gilt als die wesentliche Geisteshaltung eines Taoisten.

Taoismus Es gibt zwei Hauptströmungen des Taoismus – die philosophische: Tao-chia und die religiöse: Tao-chiao. Tao-chia geht auf den taoistischen Meister Lao-tse und sein Buch, das →Tao Te King zurück. Absichtsloses Handeln im Einklang mit dem →Tao gilt hier als das höchste Ideal. Der religiöse Taoismus hingegen hat die physische Unsterblichkeit zum Ziel. Es soll erreicht werden mittels Atemübungen, körperlichen Übungen und bestimmten sexuellen Praktiken.

Tao Te King chin., wörtl.: »Das Buch vom Tao und der wahren Tugend«. Ein dem Taoisten-Altmeister Lao-tse zugeschriebenes Werk aus dem 6. Jh. v. Chr. Es besteht aus fünftausend Schriftzeichen und wird deshalb auch »Das Buch der fünftausend Zeichen« genannt. Als das Grundlagenwerk des →Taoismus ist das Tao Te King zugleich eines der bedeutendsten und meist übersetzten Bücher der Weltliteratur; deutsche Übersetzung: Zensho W. Kopp, Lao-tse, Tao Te King, Schirner Verlag 2005.

Verborgen und geheimnisvoll wie das →Tao, von dem er spricht, muss uns auch der Verfasser des Tao Te King erscheinen. Lao-tse soll ein sehr hohes Alter von über hundert Jahren erreicht haben. Er lebte in Tschou, doch als er sah, dass Tschou im Verfall begriffen war, ging er fort. Am Grenzpass angekommen, traf er auf den Grenzwächter Yin-Hsi, der den Meister erkannte und ihn bat, doch etwas Schriftliches zurückzulassen. Darauf schrieb Lao-tse sein Buch, das Tao Te King, in dem er seine Gedanken vom Tao und der wahren Tugend ausdrückte. Danach zog er auf einem Wasserbüffel reitend von dannen. Niemand weiß, wo er geendet.

Das Tao Te King lehrt uns, dem »Weg des Himmels« zu folgen, das Nicht-Tun →Wu-wei zu üben und so die Kraft der wahren Tugend in uns wirken zu lassen. Denn der Himmel ist ohne Tun und wirkt doch alle Dinge, Wei-Wu-wei, wörtl.: Tun das Nicht-Tun. Der

Mensch, der so im Einklang mit dem harmonischen Wandel des Himmels steht, wird zu einer Offenbarung des Tao inmitten der Welt und erlangt über den Tod hinaus Unsterblichkeit.

Tathata Skrt., »Soheit, So-Sein, das was ist«. Ein zentraler Begriff des →Mahayana-Buddhismus. Er bezeichnet das Absolute, die wahre Natur aller Dinge. Tathata liegt jenseits aller dualistischen Begriffe, es ist unveränderlich und das Gegenteil vom Scheinbaren der Phänomene. Als das So-Sein aller Dinge ist es formlos, ungeschaffen und ohne Selbstnatur. Es ist identisch mit der →Buddha-Natur, und somit gleichbedeutend mit dem →Dharmakaya.

Tathagata Skrt., wörtl.: »Der so Gegangene (so Dahingelangte, Gekommene)«. Diese Bezeichnung soll als Würdetitel die Identität Buddhas als vollkommenes Wesen zum Ausdruck bringen. Als vollkommen erleuchteter →Buddha wirkt er als Vermittler zwischen dem Absoluten und der phänomenalen Welt.

Te chin., wörtl.: »Tugend, Kraft«. Die Wirkkraft des →Tao, wie sie sich im Menschen, der im Einklang mit dem Tao lebt, offenbart, nennt Lao-tse in seinem →Tao Te King: »Te«, die wahre Tugend. Es ist das, was man als spontanes Gelebtwerden durch das Tao bezeichnen kann. Obwohl Te im Allgemeinen mit Tugend übersetzt wird, darf man nicht übersehen, dass es mit dem herkömmlichen Tugendbegriff, wie wir ihn sonst verstehen, nichts zu tun hat. Te ist nicht die Tugend moralischer Rechtschaffenheit, die durch ihr Haften an äußeren Sittenvorschriften zur tugendbewussten Geisteshaltung entartet, weshalb Lao-tse sagt:

»Hohe Tugend ist nicht tugendbewusst, darum ist sie wahre Tugend. Niedere Tugend ist tugendbewusst, darum ist sie keine wahre Tugend.« (Kap. 38) Wirkliche wahre Tugend entspringt einem inneren Gleichgewicht, das wir als innere Kraft zu verstehen haben. Es ist die ausstrahlende und segensreich wirkende Kraft des Tao, die auf die Umgebung des im Tao verwurzelten Weisen als wohltuende, spontane Güte wirkt.

Thanka Skrt., ikonographische Abbildung. Im →tibetischen Buddhismus ein auf Stoff gemaltes und in Seidenstoff eingefasstes Rollbild. Es erfüllt verschiedene religiöse Funktionen.

Tibetischer Buddhismus →Vajrayana

Upanishaden Skrt.: Upanishad, wörtl.: »in der Nähe sitzen«, das heißt in der Nähe des Meisters sitzen, um die geheime Lehre zu empfangen. Die Upanishaden sind eine Gattung von Texten, die den Schlussteil des Veda bilden und sind die grundlegende Basis des →Advaita-Vedanta. Sie behandeln die letzte Wahrheit und gehören zu den heiligen Offenbarungsschriften des Hinduismus.

Vajra Skrt. (tib.: Dorje); »Diamant«, Diamantzepter. Symbol für die Unzerstörbarkeit der Leere (→Shunyata), als das wahre Wesen und die Essenz alles Seienden.

Vajrayana Skrt., wörtl.: »Diamant Fahrzeug«, oft als tantrischer Buddhismus und auch als tibetischer Buddhismus bezeichnet. Im Vajrayana arbeitet der Praktizierende schöpferisch mit der ihm von seinem Meister gegebenen Imagination. Dies geschieht, indem er sich mittels →Mantra und Visualisation mit seinem →Yidam – der bildhaften besonderen Erscheinungsweise eines →Buddha – identifiziert. Aus diesem Grund spielen Buddhastatuen, Mandalas und →Thankas (ikonographische Abbildungen) als Gedächnisstütze zur Visualisierung im tantrischen Buddhismus eine große Rolle.

Vajrayana-Buddhismus →Vajrayana

Vedanta Skrt. →Advaita-Vedanta

Wu chin., wörtl.: »nichts, Nicht-Sein«. →Mu

Wu-hsin chin. →Mushin

Wu-wei chin., wörtl.: »Nicht-Tun«, im Sinne von »absichtsloses Handeln«. Dieser taoistische Begriff ist aber nicht mit einem passiven Nichtstun zu verwechseln. Vielmehr meint Wu-wei die Geisteshaltung des Nicht-Eingreifens in den natürlichen Lauf der Dinge. In Wirklichkeit ist Wu-wei eine im höchsten Grade wirksame Geistesverfassung, aus der jede Aktion zu jeder Zeit möglich ist. Indem der taoistische Weise das Nicht-Tun lebt, steht er im Einklang mit dem →Tao, dessen universelle Wirkkraft gerade durch seine Aktionslosigkeit zur Geltung kommt. Und so sagt der taoistische Altmeister

Lao-tse in seinem →Tao Te King: »Das Tao ist ewig ohne Tun, doch nichts bleibt ungetan.«

Es handelt sich beim Wu-wei also um ein schöpferisches Nicht-Handeln, ein tatenloses Tun, dem die Geisteshaltung des Nicht-Eingreifens mit dem Mut des Geschehenlassens zugrunde liegt. Das Wu-wei übersteigt die beiden Extreme: rastlose Geschäftigkeit und absolutes Nichtstun. Es ist ein Nicht-Tun des Nichtigen, welches zugleich ein Wirkenlassen des Notwendigen ist.

Yamantaka Skrt. →Manjushri

Yidam Skrt. →Vajrayana

Zanmai jap. →Samadhi

Zazen jap., wörtl.: »Sitzen in Versunkenheit«, (chin. Tsao-chan). Die im →Zen übliche Praxis der Meditation. Als die zentrale Praxis des Zen wird Zazen von allen großen Meistern des Zen als die unentbehrliche und grundlegende Übung angesehen. Zazen ist das inhaltsfreie auf kein Objekt gerichtete Verweilen des Geistes in einem Zustand hellklarer Achtsamkeit.

Zen jap., eine Abkürzung von »Zenna«, die jap. Lesart des chinesischen channa (Kurzform chan), das wiederum eine Übertragung des Sanskrit-Wortes Dhyana ist. Der Zen-Buddhismus entwickelte sich im 6. und 7. Jahrhundert in China durch Bodhidharmas Übermittlung des indischen Dhyana-Buddhismus und dessen

Verbindung mit dem chinesischen →Taoismus. Charakteristisch für das Zen ist seine besonders starke Ausrichtung auf die Erleuchtungserfahrung (→Satori). Wesentlich im Zen ist auch die durch Meditation (→Zazen) herbeigeführte Entwicklung zum intuitiven Begreifen, anstelle intellektuellen Studiums.

Die wesentlichen Merkmale des Zen wurden in der frühen →Tang-Dynastie in vier kurze chinesische Sätze zusammengefasst:

1. Übertragung außerhalb der orthodoxen Lehre
2. Unabhängigkeit von heiligen Schriften
3. Direktes Deuten auf den Herz-Geist
4. Schau in die eigene Natur und Erlangen der Buddhaschaft

Zen-Buddhismus →Zen

Kontaktadresse

ZEN-ZENTRUM
TAO 道禪 CHAN

Tao Chan Zentrum e.V.
Gemeinnütziger Verein
Yorckstraße 6
D-65195 Wiesbaden

Das Zen-Zentrum Tao Chan steht unter persönlicher Leitung von Zen-Meister Zensho W. Kopp.
In den vielen Jahren seines Wirkens als Zen-Meister hat sich eine große Gemeinschaft von Schülern um ihn gesammelt, die er regelmäßig unterweist.

Zen-Sesshin

Einmal im Monat leitet Zen-Meister Zensho ein zweitägiges Zen-Wochenende, an dem auch interessierte Gäste teilnehmen können.

Information und Anmeldung

Tel.+49(0)611-940623-1 Fax -2
E-Mail info@tao-chan.de
www.tao-chan.de

Zensho W. Kopp

100 Juwelen der Weisheit

Aphorismen eines westlichen Zen-Meisters

128 Seiten, 9,95 €
ISBN 978-3-89767-803-3
Hardcover, Pocket-Format
Schirner Verlag

Dieses zeitlose Weisheitsbuch enthält einhundert inspirierende Aphorismen eines großen spirituellen Meisters der Gegenwart.

In klarer, einfacher Sprache zeigt es anschaulich, wie wir über die engen Grenzen unseres gewöhnlichen Denkens hinausgelangen können, und gibt praktische Anweisungen für ein sinnerfülltes Leben mitten in der Welt.

Zenshos tiefgründige Aussagen kommen unmittelbar aus seinem erleuchteten Herzen und sind für jeden eine einzigartige Orientierungshilfe auf dem spirituellen Weg. Ein unschätzbar wertvolles Buch für die heutige Zeit.

Zensho W. Kopp

Die Freiheit des Zen

Das Zen-Buch,
das alle Begrenzungen
sprengt

243 Seiten, 8,95 €
ISBN 978-3-8434-4561-0
Taschenbuch
Schirner Verlag

Dieses aufrüttelnde Buch ist eine totale Rebellion gegen den Verstand. Es zertrümmert unsere gewohnte Sichtweise und alle unsere liebgewonnenen Illusionen. Zen-Meister Zensho zeigt, wie wir uns von der Sklaverei des verselbstständigten Denkzwangs befreien und den erleuchteten Zustand reiner Bewusstheit erfahren können.

Kompromisslos wird alles hinweggefegt, auf dass wir fähig werden, zu jener grenzenlosen Freiheit des Geistes zu gelangen, die jenseits all dessen liegt, was Sinne und Verstand zu fassen vermögen.

Zenshos humorvolle Herzlichkeit und seine freie, unkonventionelle Art der Vermittlung verleihen dieser Auswahl an Vorträgen eine ungeheure Lebendigkeit. Seine klaren Worte offenbaren anschaulich und direkt die große Einfachheit und Freiheit des Zen. Ein außergewöhnliches Buch eines außergewöhnlichen Zen-Meisters.

Zensho W. Kopp

Der große Zen-Weg

Der Weg zur Erleuchtung mitten im Leben

Unterweisungen eines westlichen Zen-Meisters

187 Seiten, 7,95 €
ISBN 978-3-89767-408-0
Taschenbuch
Schirner Verlag

Dieses außergewöhnliche Buch enthält eine Auswahl an Vorträgen eines der bedeutendsten spirituellen Meister der Gegenwart. Auf lebensnahe Weise zeigt Zen-Meister Zensho dem Leser einen konsequenten Weg, wie er seine festgefahrenen Gewohnheiten durchbrechen und sich von Grund auf verwandeln kann.

Durch diesen befreienden »großen Zen-Weg« gelangt er zu einem erfüllten und bewussten Leben, geprägt von der tiefen Wahrheit des Zen. Dabei wird er fähig, spirituelles Bewusstsein und aktives Leben in der Welt als eine einzige allumfassende Wirklichkeit zu erfahren.

Zensho W. Kopp

Worte eines Erwachten

Aphorismen eines westlichen Zen-Meisters

120 Seiten, 9,95 €
ISBN 978-3-89767-339-7
Hardcover, Pocket-Format
Schirner Verlag

Das Buch enthält eine Sammlung brillant formulierter Aphorismen, die uns in unserem Allerinnersten berühren. Es sind Worte von außergewöhnlicher Klarheit und universeller Gültigkeit, in denen sich die Essenz von Zenshos Lehre spiegelt.

In einer erfrischend zeitgemäßen Sprache legt Zensho alte, festgefahrene Denkweisen in Schutt und Asche und erweckt uns so aus dem Schlummer der Gewohnheit. Er zeigt uns, wie wir eine höhere, allumfassende Sichtweise und den tiefen Frieden unseres urprünglichen wahren Seins verwirklichen können.

Ein Buch von großem praktischem Wert und eine unerschöpfliche Quelle der Inspiration für alle geistig Suchenden.

Zensho W. Kopp

Lao-tse, Tao Te King

Das heilige Buch
vom Tao

Neu übertragen
von Zensho W. Kopp

110 Seiten, 7,95 €
ISBN 978-3-89767-477-6
Taschenbuch
Schirner Verlag

Das 2500 Jahre alte Tao Te King des chinesischen Weisen Lao-tse zählt zu den tiefsinnigsten und meistübersetzten Büchern der Weltliteratur. In einer Sprache von außergewöhnlicher Bildkraft kündet das Tao Te King vom Tao, dem göttlichen Urgrund allen Seins, und dessen Wirkkraft im Menschen als wahre Tugend. Es möchte den Menschen zurückführen zur ursprünglichen Einheit mit dem Tao und somit zur Harmonie mit der allumfassenden Ganzheit des Seins.

In dieser herausragenden Neuübertragung ist es meisterlich gelungen, bei strenger Wahrung des Sinngehalts die ganze mystische Aussagekraft des Werkes zum Ausdruck zu bringen. So eröffnet sich dem Leser ein vollkommen neuer, tieferer Zugang zum Tao Te King.

Ein zeitloses Weisheitsbuch von einzigartiger Geheimnisfülle und Schönheit der Sprache.

Zensho W. Kopp

Zen-Worte der blitzartigen Erleuchtung

Mit umfangreicher
Koan- und Mondosammlung

320 Seiten, 17,95 €
ISBN 978-3-89767-915-3
Hardcover
Schirner Verlag

Dieses sehr direkte, lebendige Zen-Buch birgt in sich die Kraft, unser Selbst- und Weltverständnis in seinen Grundfesten zu erschüttern. Es zerstört die Erstarrungen unseres unterscheidenden, logischen Denkens und beraubt es seiner Stützen.

Mit klaren Worten offenbart Zen-Meister Zensho hier, anhand zahlreicher Zen-Mondos und Zitate der alten chinesischen Zen-Meister, die tiefe Wahrheit des Zen. In seiner kraftvollen und zugleich humorvollen Art der Unterweisung verzichtet er auf jede langatmige Deutung und bringt die Dinge direkt auf den Punkt. Hierbei stellt er immer wieder unseren gesunden Menschenverstand auf den Kopf, auf dass wir fähig werden, über die engen Grenzen unseres gewöhnlichen Denkens hinauszugehen.

Das Buch enthält eine einzigartige Sammlung der besten Koans und Mondos der Zen-Literatur.

Zensho W. Kopp

Im Farbenrausch des Göttlichen

Gemälde und Aussprüche eines westlichen Zen-Meisters

140 Seiten, 24,90 €
ISBN 978-3-8434-1018-2
Hardcover
Schirner Verlag

Dieser einzigartige Bildband enthält Gemälde und Aussprüche eines spirituellen Meisters, der in seinem Erwachen zur Wirklichkeit des Seins die allem zugrundeliegende Harmonie und Ganzheit des Universums erfahren hat.

Es sind Bilder von strahlender Leuchtkraft, die uns in ihrer geheimnisvollen mystischen Wirkung in unserem Allerinnersten anrühren. Versunken in die stille Betrachtung dieser bildgewordenen Dimensionen der Wirklichkeit, in Verbindung mit den inspirierenden Aussprüchen, eröffnet sich hier ein neuer Zugang zur Selbstfindung.

Ein kostbares Buch der meditativen Stille und geistigen Klarheit.

Zensho W. Kopp

Englische Übersetzungen

The Freedom of Zen

The Zen book
that shatters all limits
and bounds

216 pages, paperback
Print on Demand
Erhältlich: www.tao-chan.org

Lao-tse, Tao Te King

The holy book of Tao

Transcription
by Zensho W. Kopp

110 pages, paperback
Print on Demand
Erhältlich: www.tao-chan.org